妻は、夫は、わかってない。

夫婦リカバリーの作法

安東秀海
Hidemi Ando

SYNCHRONOUS BOOKS

はじめに

「なぜ、夫婦の問題はこんなにも改善が難しいのでしょうか?」

夫婦関係を専門とするカウンセリングオフィスを開業してからこれまで、私は約2000組のご夫婦と夫婦関係の改善をテーマにお話をしてきました。

ご相談のテーマとなるのは、浮気や不倫、セックスレスから、コミュニケーションの改善まで多岐に渡りますが、その中で幾度となく耳にしてきたのが冒頭の言葉です。

夫婦の問題は改善が難しい。

確かに、それは決して簡単な道筋ではありません。けれど、実情以上に難しく感じている方が多いのではないかとも感じています。

では、なぜ夫婦の問題を改善するのがこんなにも難しく感じられるのか？
それは、目の前の「問題」に覆いかぶされて、本当の「問題」が見えにくくなっているからかもしれません。

「顔も見たくない」
「話す度にうんざり」
「喧嘩ばかりで傷つけ合ってしまう」

夫婦カウンセリングでは、問題となっていることを「コミュニケーション」「価値観」「感情」の3つの領域に分類し、どこにより大きな問題が潜んでいるのかを探りながら最適な取り組み方を探っていきます。

すると、コミュニケーション不足だと感じていた背景に価値観の違いがあったり、価値観の違いだと諦めていたすれ違いが実は感情のわだかまりのせいだったり。絡み合って複雑に見えていた問題が整理されることで問題との向き合い方が見えてきます。

それでも夫婦の問題に取り組むのは簡単なことではありませんが、適切なプロセスを理解できていれば、それはあなたが感じるほど困難なことではないのかもしれません。

いっぽう、夫婦カウンセリングと言うと、日本ではまだまだ馴染みの薄いものです。取り組み方はあるのに、それに出会うことがないまま関係改善や夫婦関係そのものを諦めてしまうご夫婦の方が圧倒的に多いのかもしれません。それが残念で、少しでも夫婦カウンセリングの実態や取り組みについて知ってもらう機会があれば、と模索していた時に、夫婦カウンセリングを書籍化する今回の企画をいただきました。

本書では、公開を前提に夫婦関係のご相談を募り、実際のカウンセリングを通して夫婦の間に起こる問題の扱い方、取り組み方について見つめています。

ご相談の中には不倫やセックスレスなど、生々しい夫婦の問題も含まれていますから、場合によってはご自身の経験が呼び覚まされたり、不快に感じられるケースもあるかもしれません。それでも、同じ悩みを持つ人たちの役に立てば、とお話いただいたご相談者のお気持ちに応えるべく、カウンセリングの内容はできる限りライブ感を留められるように工夫をしました。

事例の中には痛みの強いご相談もありますが、いずれのケースでも、その問題に隠れた「本当の問題」を見つけることで、より良い関係、よりよい人生への道筋を探っていこうと試みています。カウンセラーの受け応えは勿論、勇気を持って痛みや問題と向き合うご夫婦の姿にも、ぜひ着目して見ていただければと思います。

また、本書ではご相談事例の紹介だけでなく、問題の見つめ方と整理の仕方、改善に向けた取り組み方、心の痛みの扱い方など、実際のカウンセリングの流れに沿って解説も加えています。もし今、夫婦間の問題で悩まれている方は、ご自身の状況と照らし合わせていただくことで、問題解決のヒントになったり、参考になるケースもあるかもしれません。

運命の相手と信じ、育んできた関係を見放す前に、本書が夫婦関係の問題に取組まれるきっかけになり、おふたりのより良い関係への道筋になればこんな嬉しいことはありません。

目次

はじめに　2

第1章 過去からのわだかまり　感情の問題

漫画　夫にあの世に逝ってほしいと願う妻　18

CASE 01　夫に早くあの世に逝ってほしい妻　20

子どもがいるから不仲になったと思う妻
夫婦関係の問題は3つの階層で捉える
辛くても相手を「許す」べきなのか？
知らずに夫も持っていた「わだかまり」
修復、現状維持、離別……、どれを選びますか？
夫も親も友達もいない、壮絶なワンオペ育児

心に抱えた大きな「わだかまり」を解き放つ
夫婦問題のほとんどが、愛情ベース
「男らしい」価値観に生きる夫の問題
気持ちが伝わるアイメッセージを心がけて

漫画 どうして妻に避けられているのかわからない夫 46

CASE 02
どうして妻から避けられているのか理由が分からない夫 48
味方のポジションにいないのは〝敵〟
さらに奥にあるわだかまりをほどいていく

解説① 夫婦の問題は3つの階層に分かれている 57
● 「コミュニケーション」「考え方や価値観」「感情」の問題
● 感情のわだかまりから始める

第2章 ひとつの問題に潜む本当の問題

漫画 妻との会話にウンザリする夫 62

CASE03
いつもケンカになる夫婦の会話にウンザリする夫 64
妻にイライラ、自分だけが我慢している
心のフタを外すために必要なこと
お互いの感情を処理する
COLUMN01 どんなご相談が多いのか？

漫画 夫のすべてに不信感を抱く妻 80

CASE04
借金が発覚。夫のすべてに不信感を持ってしまった妻 82
親の借金をなぜ夫が返すのか納得できない

心の奥に潜んでいる感情

解説② 隠れた問題に目を向ける 92
●表面化した問題と隠れた問題
●「夫婦だから」という過信は横に置く

第3章 自分の居場所を確保する

漫画 キレやすい夫と離婚したい 96

CASE05 キレやすい夫が理解できない、今すぐ離婚したい 98
公共の場でも思い通りにならないとキレる夫
感情をコントロールできないのは、彼の問題
大事なのは、我慢しない、受け入れない、合わせない

漫画 セックス拒否で離婚を告げられた妻 114

CASE 06
セックスレスを理由に離婚を迫られた妻 116
離婚したい気持ちと難しいという思いで揺れている
「夫婦関係が辛い」沼にハマっている夫
まずは相手を理解しようという姿勢が第一歩
彼と対等になる〝肩書き〟で変わり始めた妻
「夫が苦しんでいることを喜んでいる」の裏にある心情

解説③
境界線を引いて居場所を確保する 130
● 自分を「主」として考えてみる
● 夫婦は境界線が曖昧になりやすい
● まずは自分、次に相手の順で考える
COLUMN 02 夫婦で取り組むか？ 別々で取り組むか？

第4章
それぞれのテーマと向き合う

CASE 07
オンラインゲームに夢中になって借金までしている夫
136

夫の借金で揺らぐ信頼
夫のゲーム課金と妻の不安
夫婦の課題とそれぞれのテーマ
夫に重ねていた期待
ゲームをやめられない、その背景とは？
依存してしまう心の背景にあるもの
頑張ってきた自分を承認する

解説④
夫婦のあり方を見つめ直す
167

● 夫婦の問題とそれぞれのテーマ
● 両親との間にある未消化な気持ち

●自己肯定感と夫婦の関係
●自分が求めている夫婦のあり方を知る
COLUMN03　何回ぐらい通うのか？
どのコースが選ばれているのか？

第5章 不倫の痛みを癒す

CASE08 不倫をしていた夫に勧められカウンセリングに 174
不倫の痛みがケアされていない妻
無理に信じなくてもいい
その後の対応で拡がる不倫の傷

解説⑤ 深い溝として残り続ける問題 187
●「時間が解決しない」難しいテーマもある

● まずは「問題意識のズレ」を考える
● 次に「現在地のズレ」について考える

事例①
過去の過ちを責め続けられることに疲れた夫 191
浮気の事実が重くのしかかる
対立ではなく対話や行動で関係性を構築
不倫された側の心のケア
自己肯定感が下がる不倫された側

事例②
夫の痛みに寄り添うこと決めた妻 197
罪悪感に苛まれる夫
不倫をした側ができること
これからのことは、今決められなくてもいい

第6章
セックスレスの裏に隠された問題の本質

漫画 10年間、セックスレスで完全に心が折れた妻 202

CASE09 10年間、セックスを拒否され続け心の折れた妻 204
妻の態度が冷たくなり急に問題意識を持ち始めた夫
夫婦の問題はタイムラインで考える
痛みを理解されなかった痛みに気づく

解説⑥ セックスレスの「痛み」 214
● 具体的すぎて見誤ってしまう痛み
● 向き合ってもらえない辛さ

事例① スキンシップを頑なに拒否され、愛情を感じられない夫 216
どうしてこんなに嫌われているのか?

セックスに求めるものは夫婦でも違う
セックスに求めていたものを抽出してみる

事例②
キッチンが片づかないとセックスできない妻 220
セックスが遠のいていることに危機感
タスクが終わらないとモードが切り替わらない
切り替えスイッチを用意する
思考をオフにする

事例③
誘われないのは自分に魅力がないからと悩む妻 224
セックスに対する感覚のズレ
夫婦仲が良いからセックスがあるとは限らない
仲が良いならセックスはいらないと考える人もいる
セックスをアップデートする

おわりに 227

装丁	金井久幸＋川添和香(TwoThree)
編集協力	株式会社リバーウエスト
漫画・イラスト	umitabe
漫画協力	株式会社ゲネシス

第1章

過去からのわだかまり感情の問題

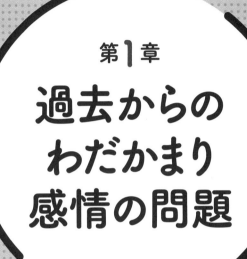

夫にあの世に逝ってほしいと願う妻

私は40歳の専業主婦です
夫はマスコミ関係の仕事で
現在 結婚14年目で
小学4年と年長の娘がいます
結婚して数年は
ラブラブでした
それが一変したのは
長女が生まれた頃だったと思います
家事も
育児も
いつも私一人

ただいま
……
今までの人生で
こんなに孤独を感じたことはなく
もう 限界でした
育児ノイローゼだったかもしれません
私が風邪をひいて寝込んでいたある日
夫は社員旅行に行ってしまいました
その頃から私は
夫に対して
早くあの世へ逝ってほしいと
思うようになったのです
せめて
「社員旅行はやめておこうか?」
くらいの言葉は
出ないものなのでしょうか?
私が夫婦関係を
諦めた瞬間でした

夫婦リカバリーの作法　CASE 01

夫に早く あの世に 逝ってほしい妻

相談内容

夫は育児にほとんど参加せず、コミュニケーションもできず、話し合いにも応じてくれず……、長年孤独を感じている。

これ以上良い夫婦関係を築くことはできないし、離婚したいと思っているが、夫には受け入れてもらえない。

それに子どもがまだ小さいので今すぐ離婚するのは現実的ではないし、どうすればいいのか悩んでいる。

相談者

北川恵美子さん（仮名）
専業主婦。夫はマスコミ関係に勤務。妻も同業。
交際期間１年、現在結婚14年目。
小４と年長の女の子がいる４人家族。

※カウンセリングの内容については、本書製作のため再構成しています。

●子どもがいるから不仲になったと思う妻

安東秀海（以下、安東） 離婚したいと考えている、ということですが、もう少し詳しく教えていただけますか？

北川恵美子さん（以下、敬称略） 夫のことが、もうまったく好きではないんです。私の意志も伝えていますが、聞く耳を持ってもらえず……。子どもがまだ小さいので、今すぐ離婚するのは現実的ではないのはわかっていますが、夫婦の険悪な姿を子どもたちの前でも見せていて。別れたいどころか、あの世に逝って欲しいんです、本当に。

安東 なるほど。「あの世に逝ってほしい」はともかく、「離婚したい」ということは伝えているんですね。

北川 はい。長女の産後から、「どうぞ三行半《みくだりはん》してください。こんな私ではなくて、もっと良い人がいるから」と言っています。ただ関西出身なので、夫婦漫才かと思われているかもしれませんが……。その時からそんな気持ちになり、言葉に出すようになったのが4、5年くらい前だと思います。

安東　上のお子さんは、不仲を理解している感じですか？

北川　完全に理解していると思います。下の子も、最近は空気を読むようになってきました。

安東　ケンカになりますか？

北川　私が議論したくても、向こうは言葉にするのが苦手なので、ケンカにはならなくて。ただ最近、関西に家を購入してからは、夫は「出ていけ！　この家は俺のもんや」と言ったり、カッと怒り出すようになりました。

安東　なるほど。ご主人は、マスコミ関係ということで、お仕事は忙しそうですね。

北川　はい。産後はほとんど家にいませんでした。その時は夫の仕事の関係で東京にいたので、頼れる親もいなくて。友達も少ない状態ですごく辛かったのに、完全に放っておかれたって思っています。

安東　そのことは、ご主人に伝えていますか？

北川　ずーっと言っていますが、「あの時はごめんな」というのは、まったくないです。

安東　そうなんですね。恵美子さんは関係を改善したいとは思っていないですか？

北川　はい。

安東　どうなったらいいと思いますか？

北川　今は、このままの状態で何十年も一緒にいたいとは思わないです。彼は彼で幸せになってほしい。

安東　「今は」とおっしゃいましたけど、以前は違いましたか？

北川　私、すごく大好きな人と結婚したと思っていたんです。話も合うなとか、好きなものも合うな、と。でも子どもができてから、お互いの立場が変わってきて……。子どもがいなかったらずっと楽しい夫婦生活を送れていただろうなと思います。

●夫婦関係の問題は3つの階層で捉える

安東　夫婦関係の問題については、3つの階層で捉えるとわかりやすくなります。

1層目は、「コミュニケーションに関する問題」です。

「コミュニケーションが不足している」、「会話が減ったことでケンカが増えた」というのは、相談者の方が、よく最初におっしゃることです。

これは、どんなご夫婦にも起こりうることで、実は表面的なことです。

そして二つ目の層は「考え方、価値観の違い」です。

お話をお伺いしていて、夫婦の「価値観がズレる」トップ3は、
①仕事の仕方　②お金の使い方　③育児の方針
ただ、価値観の違いは突然生まれたものではなく、もともと違うはずです。

ここで問題になるのは、その「違いを許せないこと」です。逆を言えば、以前は許せたものが許せなくなった時、夫婦の問題は顕在化し始めるということかもしれません。


さらに「なぜ許せなくなったのか」を考えていくと、3つ目の層が見えてきます。

それが、感情の問題「わだかまり」です。

「あの時、あなたは私を放っておいた」のように、長い間言えなかったことや、その時に聞いてもらえなかったことが、どんどんわだかまりになっていきます。

この「気持ちのわだかまり」がとても難しいのは、時間を経過した後に出てくることが多いところです。そして、わだかまりが大きくなるほど、考え方や価値観の違いを許せなくなってきてしまいます。

そうなると「なぜそんなことをするの？」「なんでわかってくれないの」「なんであ

なたはそうなの？」のように、やや攻撃的な発言が多くなりやすい。するとと今度は相手の方にも火がついたりもしますが、なかにはずっと耐える人もいます。

恵美子さんのご主人は後者のタイプかもしれません。これは結婚直後でも起こることなのですが、時間が経過すればするほど複雑に感じるようになるのは、わだかまりの量が次第に増えてくるからではないでしょうか。

恵美子さんのお話を伺っていると、この「わだかまり」が扱いきれないくらいに大きくなってしまったのだろうなと感じています。

北川　本当にそうです。ずーーーっと前からですね。

安東　先ほどお話しくださった、産前・産後からですね。そういう意味では、割と分厚いわだかまりがあるのだろうなという感じがします。

●辛くても相手を「許す」べきなのか？

北川　自分の性格的に過去のことが許せませんし、もう許さなくていいやと思えるんです。辛い思いをした私が、なぜ相手を許して忘れてあげて、良い夫婦関係を築かなきゃいけないのかなって。

安東　「許す」というワードは様々な場面でよく見かけますが、少し誤解されていることが多いように感じています。許せない時は許さなくてもいいと思います。それを曲げて無理して許すことは、我慢をしてきた上に我慢を重ねるわけだから、相当しんどいことです。

その前に恵美子さんは、もっと自分の方を向いた方がいいと思います。

先ほど、3番目の層の「わだかまり」についてお話ししましたが、わだかまりって何かというと、それだけ「傷ついた」ということなんだと思うのです。傷ついている自覚はありますか？

北川　あります。

安東　自覚があることがまず大事です。気がつかない人もたくさんいますからね。まずその傷をケアする必要があります。傷ついた状態で、彼を許しましょうといっても、難しいですよね。痛みがあるなら、まず痛みを癒やしましょう。

それがカウンセリングの第一歩です。

●知らずに夫も持っていた「わだかまり」

安東　心の傷は体のケガと同じで、ケアしないとどんどん辛くなってきます。ただ体と違うのは、心の傷のケアってみんなピンとこないので、つい後回しになって手つかずになってしまいやすいのです。

傷ついた状態で夫婦関係のことを考えても、どうしてもポジティブには捉えられません。「辛いから早く終わりにしましょう」と考えてしまうのも無理はありません。

北川　まさにそう思っていました。

安東　まずは、わだかまりを解いていくようなお話をしましょう。

恵美子さんの疑問は「なぜ彼は別れてくれないの？」ですよね？

北川　その通りです。

安東　正しく言うと「私なんかよりもっと良い人がいるから、そっち行ってください」ですよね？　ここはすごく、お二人の認識がズレていると思います。

ご主人からすると「僕にとっては君がベスト。だから他のところに行ってくださいって言われてもまず考えられないし、『あなたにとって私はふさわしくない』なんて君が決めるのではなく僕が決めるんだ」となります。

なので、相当ご主人もダメージを受けていると思います。思い当たることはありますか？

北川　わからないですね。ダメージ……ですか？

安東　ご主人の方に「ダメージが溜まってきているのかな」と感じるのは、それまで比較的温厚だったご主人が、最近「キレる」ことからです。これは、彼の中にも「わだかまり」があるからだと思います。

男性にとって成功のビジョンのひとつに「仕事で成功して家を買う」というのがあります。マイホームに家族を住まわせて、安心させてあげる。

そこまでやっているのに、なぜ別れてほしいと言われるのか、わからない。これは、ご主人の中ではダメージになっていると推測できます。

●修復、現状維持、離別……、どれを選びますか？

安東　ここまでお二人の状況を見てきましたが、恵美子さんは、14年間、結婚生活の大半を痛みを抱えながら過ごしてきました。これは、かなりキツかったと思います。

恵美子さんの痛みは、産前・産後に、コミュニケーションを取ろうとしても受け入れてもらえない、噛み合わない、話し合いの議論にもならない、育児にもさほど参加してこない、すごく孤独な時にもケアがないこと。

長年積み上げてきたわだかまりが、そこにはあると思います。

ご主人の方のわだかまりは、恵美子さんと比べると比較的新しいみたいですが、でも今、それが頂点にきている感じです。それは目標であった「家を買う」を達成しても認めてもらえないばかりか、別れたいと言われる。ちょっと途方に暮れている状況かもしれませんね。

では、実際にこれからどう対処していくのかを、カウンセリングを進めながら考えていきたいと思います。

ご提案の方向性は、次の三つです。

①　関係改善を目指す

お二人の状況であれば、改善・再構築の道はあると思います。ただし、エネルギーが必要ですし、ご主人の参加も必要です。

②　現状維持

改善や再構築までは横に置いて、まずはこれ以上悪くならないようにするという方法もあります。

エネルギーは①ほどはかかりませんが、恵美子さんの負担は大きくなります。考え方次第になります。

③　離婚を選ぶ

同じエネルギーを使うのであれば、離れる方向に進めてみる選択肢もあります。そのためには、ご主人も巻き込んで、「なぜ、こんなに辛いのか」ということを理解してもらいながら、お互いに良い着地点を見つけていくことを考えていきます。

北川　先生のお話を聞いていて、②かなと思ったのですが、あまりお勧めではないですか？

安東　そうですね。なぜかというと、②はある程度気持ちの持ち方になっていくからです。

ご主人に期待はしないけれど一緒に過ごしていく同居人、そしてお子さんたちのお父さんとしては尊重していくということになりますから、恵美子さんへの負荷はそれなりにかかります。

北川　なるほど、すごくわかります。

安東　そしてお子さんたちへの影響についても考える必要があります。

恵美子さんのポジティブでない言葉は、お子さんたちに悪影響を与える可能性があるので、できれば避けたい。そのためには、恵美子さんが心がけなければいけないことがあり、このことで負担が大きくなります。その点で②の選択はベストではないかもしれません。

北川　子どもの前でこんな姿は絶対に見せたくないと思っていました。私の父も母を叱りつけたり、星飛雄馬《ほしひゅうま》のお父さん（※野球まんが、アニメ『巨人の星』）のようにテーブルをひっくり返すような家だったので。ただ、今は子どもたちにも、「ママを見て、幸せな家庭なんて夢見ないで」と思ってしまっていて……。

安東　娘さんたちにありのままを見せる、というのは悪いことじゃないと思います。私は逆に「子どものために離婚しない」というご夫婦をたくさん見てきました。それもちろん間違ってはいませんが、意外とそうした気持ちは子どもたちに伝わっています。大切なのは、お子さんから見て恵美子さんが幸せそうに見えるかどうかではないでしょうか。

北川　そこは考えたことがなかったです。

安東　ママが幸せでないと、子どもたちは罪悪感を抱きやすいといわれます。もちろん、いわれのない罪悪感です。だから、恵美子さんが幸せであることが何よりも大事なんです。

「自分が幸せになれる方法」を軸に選ばれるといいと思います。

北川　わかりました！　①と②の間です。②に近い、①です！

●夫も親も友達もいない、壮絶なワンオペ育児

安東　恵美子さんご夫婦の場合、ご主人があまり話にはのらないんですよね？

北川　全然のらないです。

安東　ご主人が「わかった、じゃあ話し合いをしよう」と言ってきたらどうですか？

北川　「おお！」と思いますね！

安東　（笑）。実際に話し合いが始まっていくと、今まで話せていない分、考え方の違いが出てきますし、傷ついた人同士が話し合いを始めると、防衛し合って埒《らち》があかないとか、防衛反応で相手を攻撃するといった可能性があります。

なので、先に気持ちのわだかまりを解きましょう。

今日はご主人がいないので、わだかまりを解くアプローチは恵美子さんからいきたいと思います。

いくつかあると思いますが、まず産前・産後は、どちらがキツかったですか？

北川　産後ですね。夫の仕事が忙しいのは重々承知でしたが、土日もいない、いつも

いない。長女は背中スイッチ（赤ちゃんが、ベッドに置いた途端に起きてしまうこと）が激しくて、置いたら泣くということが続き、私は腰痛と頭痛と腱鞘炎と不眠のスパイラル。

私がその後、育児ノイローゼのようになったので、夫には仕事の部署を変わってもらいました。土日休みになったのも束《つか》の間、次女を産んだすぐ後に、夫はのうのうと社員旅行へ行きました。まだ手のかかる長女と、生まれたばかりの次女、風邪をひいている私を残して。

百歩譲って行くのはいい。でも「ほんまごめんな、俺やめとこうか？」と嘘でも言えないのかなと。

安東　10年前くらいは「産後クライシス」という言葉もまだ浸透していなかった頃ですね。

北川　夫は、子どもたちのことはすごく愛していて、私より母性ある父親だと思うんですけどね。

●心に抱えた大きな「わだかまり」を解き放つ

安東　今日お話を伺っていて、ご主人のことをかなり理解しているし、ご主人にかなり歩み寄っていますよね。自覚はありますか？

北川　あります！

安東　ということは、自分のことをかなり横に置いている、ということですよね。「彼は仕事で忙しいですから」「わかっていますから」と何度もおっしゃっている。

つまり「彼は仕事で忙しいのをわかっているから、そんなに甘えないし期待もしない。家のことは私がやります」。その上で、ご主人に頼りたいことはあったと思います。「土日ぐらいはいてほしい」と。

北川　はい、そうです。

安東　「だいたいのことはいい、でもここだけは」ということってありますよね。だけど、そこすらやってくれないからとても傷つき、わかってもらえないと思ったのかな、と。

どうでしょうか？

北川　土日も出勤しないとできない職種だと思っていたのですが、実は家でもできる作業もあったと後から聞いたんです。今ほど在宅やＺｏｏｍという時代でもなかったし、家も狭かったからやりづらかったとは思いますが。

思い出したらまた怒りが込み上げてきて……。

安東　もう少し具体的には、どんなことを思い出していますか？

北川　土日は家で仕事ができたかもしれないのに、それをしようとしなかった彼の姿です。

安東　そこにいた恵美子さん自身を覚えていますか？

北川　覚えています。長女が１歳前くらいの時に「私はもう関西に帰るから、単身赴任して」と頼み込んだんです。ただただ、寂しかったんですよ。でも、それも突っぱねられました。

安東　聞いてもらえなかったんですね。東京で孤独で大変で助けもない、という当時の〝恵美子さん〟がいますね。この時の感情がわだかまりのひとつですね。

わだかまりって感情の問題なんですが、時間は関係ないんです。10年前のことでも、今日思い出したら悲しいですよね。

けれど、そんなことを感じていたら育児なんてできないし、文句を言っても誰も聞いてくれない。そうして気持ちを飲み込んだり、フタをするようになっていきます。彼に対してムカつく、イラつく、モヤモヤする、という気持ちはありますが、そこにいた〝私〟はノーケア。

その当時の、〝私〟を癒やしてあげる必要があるんです。そして癒してあげると、わだかまりは小さくなります。

では、そのケアの方法ですが、ひとつは、過去の自分を今の私が思い出してあげることです。

「あの頃の私、いっぱいいっぱいだったな」と忘れないでいてあげることが第一歩ですね。忘れてしまうからわだかまっていきます。

当時の〝私〟を思い出して、どんな自分が見えますか？

北川　周りのママたちはキラキラしていました。パパさんたちも忙しい人が多かったと思いますが、週に一度は休みがありました。

「いいなぁ、私も美容室行きたいなぁ」と思っても、近くに両親もいないし、夫もいないから美容室にも行けなかったんです。

安東　美容室にも行けずに赤ちゃんを抱えて一人で頑張っている。では、当時の私を癒してあげるために、当時のことを一番知っている今の恵美子さんが、言葉がけをしてあげたいと思います。どんな言葉が出てきますか？

北川　「頑張ったね」って言ってあげたいですね……（泣）。

安東　「頑張ったね、よくやったね」って言いたいですよね。言ってみて涙が出てきたのは、それだけ当時の〝私〟が辛かったってことを、わかってあげられたんだと思います。

もう少しケアをしたいのでサポートしますね。

今から言う言葉を、頭の中に当時の〝私〟を思い浮かべながら続けて言ってください。

安東・北川　あなたのことを知っています。

ずっとひとりで、頑張っています。

私はあなたを知っています。
あなたの辛さも、あなたの苦しみも。
私は全部知っています。

だから今日あなたに伝えたいことがあります。

あなたのおかげで、
娘は今日も元気です。
あなたがしてくれたことは、すべて今日の娘に繋がっています。
あなたのことを誇りに思います。

頑張ってくれて本当にありがとう。

安東　言ってみてどんな感じがしましたか？
北川　当時は、怒りが常にアップデートされて大きくなっていました。その時を出来事としては思い出しますが、〝自分〟のことに関してはまったく思い出したりしていなかったなぁ、長女に悪かったなぁってすごく思いました。

安東　感情を抑圧したまま持ち続けるのはとてもしんどいものです。しんどいから、彼にも知ってほしくて「あなたのせいでこうなった」と言いたくなるのかもしれません。

でもこうして過去の痛みを見つめて感情を解放してあげると、わだかまりが小さくなっていきます。そうすることで、まずご主人に過剰な期待をしなくなります。

今日は私がガイドしながら進めましたが、これはご自身でもできます。「ああ、こいつムカつく！」と思った時は、「こいつが憎いと思うくらい私、苦しいんだ」と理解すること。そして、「こんなに辛くなるほど頑張っていたんだね、大変だったね」と、声に出さなくてもいいので、思い返してあげてください。

●夫婦問題のほとんどが、愛情ベース

北川　先生！　私もうひとつ、当時の〝私〟に「なんであの時、一撃刺さへんかった

の？」とも言いたくて。夫を刺せばよかったのにと思っている自分もいるんです。

安東　それくらい愛情が深いんですよ。

北川　ええええーーー!?　本当ですか？

安東　私はそう思います。

「あの時あなたを刺しておけば、今ほどあなたを嫌いにならずに済んだのに」と。

北川　（すすり泣き）そうかもしれない、ですね……。

安東　私は夫婦にある問題のほとんどが、愛情が基盤になっていると思っています。もちろん「死んでほしい」も。無関心だったら「死んでくれ」なんて思わないんですよ。それほどまでに、愛情が深い。

前半で「許す」「許さない」のワードが出てきたかと思いますが、彼のことを許すか許さないかは今決める必要はないし、許さなくてもいいと思います。ですが、許せないぐらい彼のことを怒っているとしたら、〝私〟がしんどいかなと思います。

北川　はい、しんどいです。

安東　「許す」は相手のためではなく、自分のため。そろそろ、彼を恨むことから自由になってもいいのかなと思いますよ。今の状況って、もう腹立たしさを通り越していますよね？

北川　はい、もう通り越しています。

安東　少し前は怒っていましたよね？　「あなたがもっとちゃんとしていたら」「もっとこういう人だったら」「もっと私の話を聞いてくれていたら」、私はもっとあなたを大事にできたのに。そのことに怒っていたんだと思います。ピンときますか？

北川　ええ、すごくしっくりきます。

安東　怒りすぎると心はしんどいので、心は「しゃーないな」ってなると思います。この「しゃーないな」の感情を、いかに健全な意味で持つか。そのために、怒りが溜まってきたら、自分で気づいて、感情を燃やしてあげる。それでもネガティブな感じがするのであれば、「彼のことでこんなにエネルギーを使うよりも、私をもっと幸せにする方向に使う」と考える。エネルギーを自分に向けるんです。

●「男らしい」価値観に生きる夫の問題

安東　ご主人の話をまったく聞いていないのでなんとも言えない部分はありますが、

私なりに分析すると、悪い意味も含めてご主人は「男性らしい方」なのかなと思います。

仕事に一生懸命で、お金を稼いでくるということに軸足があって、社会的な成功や出世することの価値観が高い。「気持ち」「感情」のことは苦手。いっぽうで、お子さんを大事にされているように「家庭」は大事にされている。ただ、「夫婦関係」はちょっと見えていないんだと思います。

これはご主人の問題で、彼がそこに気づいたり、問題意識を持てば、きっと変わると思います。男性のほうが変わりやすい傾向にあるんですよ。

北川　へぇーーー!!

安東　自分の世界観や価値観の中で成功法則もできあがり、「俺はこういう考え方なんだ」ということに固執しやすいかもしれないけど、「こういう世界観もあるんだよ」と気がつくと、意外と早く転換しますよ。

北川　なるほど!!!　今のお話で、思い出したことがあります。私がずっと言っていたことを彼は全然聞いてもくれなかったのに、彼の上司が私と同じことを言ったら、彼はその話をすんなり聞いたんですよ。

嘘でもいいから、「お前の意見も正しいな」って言ってほしかったのに、どうして男性って言ってくれないんですか？

安東　そうですよね。ただ、これは男性というより、ご主人だから、だと思います。平気で嘘をつける人と、絶対に嘘が言えない人がいたら、彼は後者のタイプ。ひたすら恵美子さんに対して誠実であるからこそ、嘘を言えない。なので「嘘でもいいから言って」ではなく、「なぜ恵美子さんがそれを言ってほしいのか」を伝えた方がいいと思います。

●気持ちが伝わるアイメッセージを心がけて

安東　アイ（I）メッセージとかユー（YOU）メッセージって聞いたことありますか？

北川　いいえ、ないです。

安東　基本的に、「あなた」が主語になるユーメッセージは、人間関係がうまくいかなくなることが多いといわれています。例えば「どうしてあなたはわかってくれないの」。これは攻撃的、司令的、指示的に聞こえやすいので抵抗感が生まれます。いっぽう、「私」が主語になるアイメッセージ、つまり「私はあなたにわかってほしい」と言うと、抵抗感なく相手に届いたりもします。

北川　今のすごいピンときました！　私はあえて、「私が」ということがキツいのかなと思って、「そういう風にやれないの～？」とあなた（＝ＹＯＵ）に選択権を与えていたつもりだったんですよ。それで伝わっていなかったとは……。

安東　ご主人は、恵美子さんのリクエストに応えたくても、そのリクエストが自分の意と反することに関してはノーと言います。「他に女作ってよ」とかですね。それを「あなたがいないことに慣れちゃったから、どうせなら外に女を作ってきてくれる方がマシだわ。それくらい寂しかった」と言うと、きっと伝わると思います。

北川　まさに目から鱗です。夫だけでなく、ママ友や子どもとのコミュニケーションでも思い当たること、たくさんあります！

安東　はい、まずはコミュニケーションの取り方から少し意識をしてみると雰囲気が変わってくるかもしれません。でもその前に、恵美子さんご自身の気持ちを放っておかないことも忘れないでくださいね。

どうして妻に避けられているのかわからない夫

僕は39歳、結婚して10年になります
妻は37歳で共働きです 9歳と2歳の女の子がいます
最初にカウンセリングを受けようと思ったのは僕の方です
私たち夫婦は、もう何年もセックスレスだったのです
よろしくお願いします
……
どうぞ
気を楽にしてください
それは次女が生まれた頃からでした——
カウンセリングが始まって妻から出た言葉はまったく意外なものでした——
……実は……結婚式の日……
義母からこんなことを言われたんです……
結婚式当日——
二人とも
おめでとう

ステキだわぁ〜
赤ちゃんたくさん産んでね！
……
長女が生まれた時は――
かわいいわぁ〜
次は絶対に男の子ね！
妻はそんな母の言葉にいつも傷ついていたと言うのです
……
夫はいつも知らないフリをしていて
おふくろも悪気はないんだよ……
僕は中立でいようと思っただけで
何も言わないというのは、奥さんにとっては
味方ではないと映るんです
こんなことが夫婦の仲をこじらせているなんて僕は思いもしませんでした

夫婦リカバリーの作法　CASE 02

どうして妻から避けられているのか理由がわからない夫

相談内容

最近、妻とケンカが増えてきた。会話も減ってきて妻からは避けられているように感じる。理由もわからずどうしていいのかわからない。相談の主訴はセックスレスだったが、深掘りしていくと義実家と奥様の不仲問題が潜んでいることがわかった。
妻は、結婚当初から義母の言葉に傷ついていたという……。

相談者

加藤壮太さん・純子さん（仮名）ご夫婦
夫は39歳。妻は37歳。結婚10年目で共働き。
９歳と２歳の女の子がいる４人家族。

●味方のポジションにいないのは〝敵〟

安東　会話が減ってきた、ということですが、具体的にはどんな様子でしょうか？

壮太さん（以下、敬称略）最近、ケンカが増えていて……。セックスもないですし、なにより妻から避けられているように感じるんです。

安東　順子さんの方はどうですか？

順子さん（以下、敬称略）私は特に問題だと思っていません。普通に会話していますし、仕事も家事も忙しいのでセックスする気持ちにならないだけです。

夫が問題だと思っているのはわかっていますが、それを言われるとちょっとイラッとするというか、なんだかモヤモヤします。

夫がセックスレスなんて言い出すこと自体も嫌な感じしかしません。

安東　モヤモヤ、ですか。それってなんだかとっても大切な気がします。もう少し深掘ってみてもいいですか？

順子　モヤモヤがですか？　はい、構いませんがどうすればいいかはわかりません。

安東　大丈夫です。モヤモヤってもしかすると「言語化」できない「感情」なのかな、って考えています。言語化できないのは、それをまだうまく認知できていないからかもしれません。感情は目に見えないし触《さわ》れませんしね。
でも、だからこそ、イメージを使って視覚的に捉え直してみたり、身体感覚を使って感じ直してみると、キャッチしやすくなる場合があります。
順子　そうなんですね、わかりました。面白そうです。
安東　ありがとうございます。では始めましょうね。リラックスして、モヤモヤするその感覚に意識を向けてみましょう。
それは、体のどのあたりにある感じですか？
順子　そうですね、お腹のあたりですかね。
安東　お腹ですね。じゃあ、そのモヤモヤはどんな色をしていますか？
順子　……グレー？　ですかね。
安東　お腹のあたりにグレーの塊があるんですね。それは重いでしょうか？　軽いでしょうか？　触ってみるとどんな感じがしますか？
順子　触ってみると、ふわふわしています。重さは……、なんだか重いですね。

安東　ふわふわしているのに重いってちょっと不思議ですね。その感覚ってこれまでにも感じたことはありますか？　あるとしたらそれはいつ、どんな時ですか？

順子　あ、何か思い出しました。この感覚、結婚式の時にもあったような気がします。結婚式の時に義理の母から「赤ちゃんたくさん産んでね」と言われたんですが、これってすごく失礼ですよね。その時に感じたモヤモヤと、同じ感じがします。

安東　結婚式の出来事が思い出された？　壮太さんはそれ、ピンときますか？

壮太　はい、これまでも何度か聞いたことはあるんで。でもそれ、失礼とかじゃなくて、母はただ孫の顔が早く見たいってことを言っただけだと思うんですけど……。

順子　それはわかるよ。でも結婚式で、わざわざ言うことじゃなくない？　私の両親もいたのに。

あと、長女が生まれた時もそう。「あら女の子だったの」って言われてすごく嫌でした。次女の時も性別がわかって最初に思ったんです。「また女の子なの」って言われるんだろうなって。

壮太　でも、そうは言ってないじゃない。

順子　言ってないよ、でもきっとそう思ったんだろうなってこと。そもそもあなたはいつもそうやってお義母さんをかばうでしょ？　それが嫌だって何度も伝えてきたじゃない。でもこの人、全然わからないんですよ。

安東　なるほど、壮太さん。これ、何が問題なのかというとですね、順子さんから見て、壮太さんがお義母さん側に立っているように見える、ということなんだと思うんです。つまり、「私がお義母さんのことを嫌だと言っている時に、あなたは私サイドに立ってくれてないよね」と感じている、ということなんですが、順子さん合っていますか？

順子　はい、そうなんです。いつも彼は向こう側にいて、私と娘たちの反対側にいるみたいに思えていました。

壮太　え、そうなの？

安東　はい、そうですね。味方のポジションにいない、というのは時に敵にさえ見えてしまう場合がありますが、それはピンときますか？

壮太　はい、もし妻がそんな風に僕を見ていたとしたら、確かに敵に見えちゃったかも、というのは理解できます。

順子　ありがとうございます。二人で話していると、このニュアンスが全然伝わらなくて、だからもうこの話はしないようにしていましたし、私たちの味方じゃないんだって線引きしていたようにも思います。

安東　それが心の中に溜まっていたモヤモヤなのかもしれませんね。

壮太　母に不満を持っているのは薄々わかっていましたが、それが夫婦の関係にこんなに影響するとは思っていませんでした。

順子　それって私の気持ちがわかってない証拠だと思う。

安東　そういう不満を抱えていて、わかってもらえていないと思っている相手と近づきたいと思わないですよね。

まずは、順子さんの不満を解消していくことと、お母さんとの関わり方を見直していくことが大切だと思います。

壮太　どうすればいいんでしょうか。

安東　そうですね、お二人の間にある感情のわだかまりを解いていきましょう。

●さらに奥にあるわだかまりをほどいていく

安東　順子さんは、今までで一番怒っている、あるいは悲しかったといえば、いつの頃でしょうか？

順子　やっぱり結婚式の時ですね。お義母さんに言われた時に、夫はヘラヘラ笑っているだけでした。

安東　では、その時の「私」をイメージしてみてください。

順子　はい。

安東　壮太さんも、できるだけ当時のことを思い出して。自分が見てきた世界とは違って見えるかもしれませんが、今、目の前にはお義母さんの言葉で傷ついた順子さんがいる、と思ってください。

壮太　はい。

安東　では、気持ちの準備ができたら、壮太さんから「あの時はごめんね」と言ってくださいね。

壮太　あの時は辛い思いをさせてごめんなさい。
安東　順子さん、壮太さんが謝っていますが、どんな感じがしますか？
順子　はい、ちょっとだけ気持ちが落ち着きました。でもまだ怒っていますけどね。
安東　怒っているんですね。いいことだと思います。では、今度は順子さんから言いたいことがあったら言ってください。
順子　何よいまさら、謝ったら済むってことじゃないんだよ。
安東　はい、いいですね、怒り、出てますね。じゃあ、今度はその怒りの下にある感情を探ってみましょうか。
　順子さんは、何にそんなに怒っているんでしょう？　そこにはどんな気持ちがあると思いますか？
順子　何に怒っているか、ですか……。そうですね、怒っているのは、結婚式なのに夫が私を助けてくれなかったことですね。それがムカつきますね。
安東　怒っているだけですか？
順子　怒っているだけ？　いや、違いますね。怒っているというか、なんだか悲しいです。結婚式なのに夫が私を助けてくれなくて、そのことが悲しいです。

安東　ありがとうございます、順子さんは悲しいんですね。壮太さんは、この悲しみを理解しておく必要があると思います。怒っているからごめんなさい、ではなく、悲しませてごめんなさい、と理解しておきましょう。

壮太　わかりました。ずっと妻に拒否されて、なんでこんな目にあわなきゃいけないんだって僕もちょっと怒っていたんですけど、意味もなくそうなってたんじゃなかったのかも、って理解できました。あと、妻が悲しかったんだって言った時、僕もずっと悲しかったのかもって思いました。

順子　え、そうなの？

安東　ご夫婦が問題と直面している時って、やっぱりお互いが傷ついているんだと思うんです。本当は仲良くしたいし、大切にもしたい。でもそれができないから。そんな時には、傷ついているのが自分だけじゃなくて、相手も傷ついていたのか、と気づけると、見え方も随分変わってきます。

【解説①】夫婦の問題は3つの階層に分かれている

●「コミュニケーション」「考え方や価値観」「感情」の問題

話し合うほど険悪になったり、思ってもいないような言葉で傷つけてしまったり……。改善しようと努力しているのに、なぜか関係が悪くなってしまうのはなぜでしょう？

夫婦の間に起こる問題を分解すると「コミュニケーション」「考え方や価値観」「感情」の3つの階層に分類されるのではないかと考えています。

例えば「ケンカが増えた」「対話が減った」というのはコミュニケーションの問題といえますし、「話し合っても平行線で結論が出ない」のは価値観や考え方に関する問題なのかもしれません。また「ケンカのたびにヒートアップしてしまう」のは感情に関する問題が積み重なった結果とも考えられます。

「コミュニケーション」「価値観や考え方」「感情」と、3つの異なる階層の問題はそれぞれが互いに影響し合い夫婦関係の問題を複雑に見せています。

北川さんのカウンセリング（CASE1）では「夫とのコミュニケーション」が成立しないこと」、そんな夫と「離婚したいと考えていること」が相談のテーマとして挙げられましたが、離婚を考えるほどの「不仲」の原因がどこから来ているのか？ という視点で掘り下げていくと、そこには産後から続く「感情のわだかまり」があることがわかりました。

「感情」の問題が厄介なのは、時を越えて何度でも繰り返しやってくるということ。それは「終わったことを何度も蒸し返して」という状況を作り出します。

●感情のわだかまりから始める

「わだかまり」は、解消されないまま心に溜まっている怒りや悲しみ、不安などの感情です。それは時に言語化されない心のモヤモヤや重苦しさとして認識される場合もあります。

加藤さんご夫婦のカウンセリング（CASE2）では、言語化できない「わだかまり」を感覚的に捉えていく方法でほぐしていきました。何に怒り、何が悲しくて、何に傷ついているのか？

わだかまっている感情を感じ直すことで心の滞りが解けてくると、気持ちが軽くなるだけでなく、ポジティブに考えやすくなる効果もあります。

発散されずに内側にこもった感情はじわじわと夫婦関係を蝕んでいきます。

これから夫婦の関係と向き合っていこうという時には、感情のわだかまりを解いておくと、価値観の違いやうまくいかないコミュニケーションの問題にも冷静に取り組んでいくことができるようになります。

［夫婦関係の問題 3つの階層］

第2章

ひとつの問題に潜む本当の問題

妻との会話にウンザリする夫

僕は映像制作会社勤務の40歳
妻は小学校の教員で37歳
子どもは小学5年と2年の男の子が二人います
家庭では自分だけが我慢しているように感じ
そんな状況にイライラしてか、
妻との会話がスムーズにいきません
仕事は忙しく
夜10時すぎの
帰宅も珍しく
ありません
今日スーパーに行ったら……
今週の土曜日買いたい物が……
あ!!月末に学校の……
……
そうそうお隣さんは夏休みに海外行くらしいよ……
ゴチソウサマデシタ
妻はもともと対話したがるタイプだ
母子家庭で一人っ子育ちの僕は
一人でいることが当たり前で
その方が落ち着く
こんな性格の違う二人が
なぜ結婚したのか?
今となっては不思議だ

週末は家族で買い物へ行きます
妻の要望にはできるだけ応えてきたつもりなのだが
子どもたちのためにキャンプに行くこともあります
共働きなので家事も分担している
ねぇ!!
またテレビ!!
えっ いいでしょ？ 洗濯も終わったし
やるべきことはやってるし…… 家族サービスだって……
どうして!?
いつだって……
あなた一人で……
なのに妻は「何もしない」と文句を言ってくる
だいたい家族なのにサービスってどういうことよ？
うるさいよ！ 休みの日くらいゆっくりさせろよ!!
いつからか 妻に内緒で外で息抜きをするようになった そうすると妻が不満に感じるらしい
夫婦というのは、いっぽうが何かを我慢するようなものなのか？ この息苦しさの中で いつか自分が爆発しないか心配だ
生ビール
やきとり
からあげ

夫婦リカバリーの作法　CASE 03

いつもケンカになる夫婦の会話にウンザリする夫

相談内容

妻は子ども優先で、自分はいつも邪険に扱われ、家庭内では常に感情を押し殺して、我慢しているような状況だという。

それでいてコミュニケーションを取りたがる妻とは、会話をするたびにケンカになるし、面倒くさいから話したくない。

妻と言い合いにならずに、冷静に会話できるようになるためにはどうしたらいいのか悩んでいる。

相談者

川田雅志さん（仮名）
40歳。映像会社に勤める会社員。
妻は37歳。小学校の教員。現在結婚13年目。
小学生の子ども２人を持つ４人家族。

●妻にイライラ、自分だけが我慢している

安東　話をしているといつも奥様とケンカになってしまうということですが、もう少し具体的に教えていただけますか？

川田雅志さん（以下、敬称略）　話すたびになんだかイライラしてしまいます。話せば話すほど険悪になってしまうのであんまり話したくないというのが本音です。

安東　奥様はどんな方ですか？

雅志　妻はすごくコミュニケーションを取りたがる性格です。ずっと女子トークみたいな話をしたがるというか、「今日はこんなことがあった」とか、「同僚の誰々はこうで」とか。私は家に帰るとスイッチをオフにしたくて、本当はあんまり話したくないんですが、結婚当初からそれが嫌だと言われてきたので、自分なりに努力して改善しているつもりなんですが、妻にはいつもダメ出しされてしまいます。

安東　川田さんは努力しているのだけれど、奥様からはあまり評価されてないんですね。

雅志　そうなんです。「話をちゃんと聞いていない」とか「私に興味がない」とか言われますね。興味がないわけではないですし、話を聞くことが大切なのもわかってはいるんですが、なんだか疲れちゃうんですよね。私は母子家庭で一人っ子なので家の中で話す機会が少なかったと思います。人と話さずに黙々とご飯を食べ、テレビを見て、読書するという生活が当たり前だったのも影響しているかもしれません。

安東　奥様の方は、どんなご家庭でしたか？

雅志　妻は3人兄妹で家族が多いので、たくさん会話をするのが理想の家族みたいです。どうしてお互い好き合って結婚したのかも不思議です……。違うタイプの人を求めて結婚したんですかねぇ。

安東　どうでしょう、自分とは違うタイプの人に惹かれる、というのは恋愛ではよくあることですよね。でも、夫婦は日常の大部分を共有しますからね。違いに魅力を感じるゆとりはだんだんなくなってしまうのかもしれませんね。他に「違い」を感じたり、引っかかっている部分はありますか？

雅志　私は、夫婦は平等だと思っているんです。でも、妻にとっては子どもが最優先で、両親のことも優先順位が高いです。それに比べて私の位置づけは低いなって感じますね。

安東　それはどんな時に感じますか？

雅志　小学生の子どもが2人いますが、お互い仕事もしているので家事は分担しています。朝は私が食器洗い、洗濯干し・たたみ、風呂とトイレの掃除などを当然のようにやっています。妻はご飯担当ですが、私も火曜と日曜は作っています。それなのに「あなたは何もしてない」と言うんです。妻は、自分の望むタイミングでやってくれないということを言っていると思いますが……。何もやってないというのはおかしいですよね。そんな時には不公平だなって感じます。あと、自分の話は聞いてくれって言うのに、僕の話は聞かないし理解もないと感じます。

安東　なるほど、それでケンカにはならないんですか？

雅志　3年ぐらい前までは、怒鳴り合いというか、割と激しい言い合いになってました。半年に1回ぐらい、どこかで不満が溜まるとケンカになっていた気がします。でも最近は減りましたね。

安東　ケンカが減ったのには何か理由があると思いますか？

雅志　妻の要望に応えているからじゃないですかね。キャンプにみんなで行ったり、シェア畑を借りて一緒に野菜を育てたり、土日に家族の行事を増やすようにしています。妻から、休みの日は家族の時間にしてほしいってずっと言われてきたので。

安東　以前はそういったことは少なかったんですか？

雅志　今はケガをして1年くらいやっていないんですが、趣味で草野球をしていて、土日は子どもたちの習い事の送り迎えが終わった後に野球に行っていました。それが妻には不満だったみたいです。

安東　ここまでお話をお聞きして、川田さんはずっと我慢しているんだなと感じるんですが、どう思いますか？

雅志　我慢、ですか。そうですね、その自覚はあります。でも、そうしないとうまくいかないというか、その方が面倒なことにならないなという感覚があります。

安東　はい。その方がうまく家庭も回るしケンカにもならないですよね。でも我慢って、長期的にはお勧めできないんです。少しぐらいの我慢ならその場を凌《しの》ぐにはいいのですが、それが続くと心はいっぱいいっぱいになってしまいます。そうするとイライラしやすかったり、攻撃的な言動が増えてしまうこともあるかもしれません。

雅志　そうなんですね。確かにケンカになる時は僕が言葉を強く発してしまっているかもしれません。今までは妻が先に文句を言ってくるからケンカになると思っていましたが、もしかしたら私が不機嫌な態度を取っていたのかも。自分では見せないように気をつけているつもりだったから気がつきませんでした。

安東　はい、そこに気づきを持てるといいですよね。「我慢」って、している側は精一杯で気づきにくいんですが、意外と不機嫌がにじみ出てしまったりもします。あと、違う考え方や価値観を持った二人が一緒に暮らしていくわけですから、お互いに譲り合うことや歩み寄りもとても大切ですが、それは我慢することとは本質的に違うんだと思います。

雅志　そうなんですね、それはちょっと理解ができないかもです。

●心のフタを外すために必要なこと

安東　我慢というのは、喩《たと》えるなら自分の考えや気持ちにフタをすることかもしれません。フタをして見せないようにする、ともいえますね。でも、譲り合いや歩み寄りをするためには、どうしたいのか、自分の考えや気持ちを伝えることが欠かせません。

雅志　なるほど。

安東　でも、それって結構怖いですよね。だって自分の気持や考えを否定されたら嫌ですから。

雅志　確かにそうですね。私、本当は野球したいんです、ケガが治ったら。でもそれ絶対言えないなって思っています。でも野球をやっていた頃は今よりもっと気持ちにゆとりがあったんですよね。受け止められる時もあったんです。何か言われた時にイラッとしても「そうだよね、そういう考え方もあるよね」って。我慢してイライラを溜めちゃうくらいなら、野球やりたい、って相談できればいいのかもしれませんね。めちゃくちゃ怖いですけど。

安東　はい、怖いです。怖いですけど、我慢の末の不機嫌で、夫婦関係にダメージが出ているとしたら、そこはひと踏ん張り、気持ちを伝えることができるといいですよね。さらにそこから歩み寄っていけるとなおいいです。

雅志　はい、そうなりたいです。

安東　野球のこともそうですが、大切だけど意見が分かれそうなことについて話すときには、いくつか気をつけておくことがあります。まず、ネガティブな感情に気をつけておくことですが、川田さんは「野球したい」ということを話す時にはどんな気持ちになると思いますか？

雅志　そうですね、文句を言われるのが嫌だ、ダメって言われたらどうしよう、これは怖いんですかね。あと、面倒くさいと思っちゃうんですよね。それは、もともとの考え方が違うのに、どちらかの意見を取るしかないいんじゃないかと勝手に思っちゃうのかな。

安東　そうかもしれませんね。文句を言われたら嫌だな、とか否定されるのが怖いなと感じると、自然と遠回しな言い方になったり、かえって攻撃的になってしまったりすることも考えられるので、そこは努めて冷静に話すことに注意をしておくと良いと思います。あと、ネガティブな感情を突きつけられるのって男性はみんな苦手なんですよね。怒られるのも、愚痴を聞かされるのも、あと、泣かれたりするのもちょっと嫌じゃないですか。

雅志　そうですね、どうしていいかわからないし、困りますね。

安東　だからこそ、あらかじめ想定をしておくというか、ネガティブな感情と向き合う覚悟を決めておくことも大事ですね。ちなみに、女性は多少ぶつかり合っても頑張って対話をしてわかり合いたいと思う方が多いようです。だからこそ対話を避けたりきちんと話にのってくれないと逃げられているような感じがして、イラッとしてしまうのかもしれませんね。

雅志　妻は気持ちを全部口に出すタイプなんです。それがうらやましいというか、ストレスが溜まらなくていいなって思っていたんですよ。でも自分はそうしないし、愚痴を言うのは嫌ですね。

安東　愚痴を言わないように、と考える男性は多いですね。言って解決するわけでもないし、余計気分が悪くなるから。でも、話すだけで気持ちがスッキリすることがあるのも事実で、それを理解している側からすると、話を聞いてもらえないことでかえってストレスが大きくなってしまいます。

雅志　ずっと妻の話を聞くのがストレスだったので、こんな会話をしてなんの意味があるんだと思っていましたけど、意味があったんですね。面倒くさいって避けていましたがちょっと悪かったかなって思いました。

安東　それはとっても大切な視点ですね。自分にゆとりがないと、どうしても視野が狭くなって自分の感覚や考えだけに囚《とら》われやすくなります。視点を変えると違った景色が見えてくることもあるのにもったいないですよね。

雅志　そうですね。自分ばっかり我慢させられているってイライラしていましたけど、もしかしたら妻も我慢してくれていることがあったのかもって思いました。

安東　奥様も我慢、ですか？　どうしてそんな風に考えたのですか？

雅志　妻はいつも子ども優先なんですよね。いや、子どもだけじゃないかも。看護師なのですが、周りの人が喜ぶことが自分の喜びだって言うんですよね。僕が真逆なんです。だから合うかなと思ったんですけど、合わなかったんですかね。

安東　合う合わないもありますが、夫婦の関係ってちょっと特別で、子ども優先、周りの人が喜ぶのが自分の喜びという奥様のようなタイプの人でも、夫にだけは自分を最優先してほしいとなる場合があります。

雅志　なるほど！　私が子どもを優先していたら、「子どもじゃなくて私を優先して」って言ってきたんです。会話する時も、子どもの話をすると、「子どもの話だけじゃなくて私のことも聞いて」という感じのところがありました。

安東　他の人には言わない愚痴や弱音だからこそ、せめて夫には、という心理が働くのかもしれません。

雅志　なるほど、わかる気がします。でもやっぱり「そこまで求めないで」って思ってしまう。

●お互いの感情を処理する

安東　少し深い話になりますが、人には「自分を主として考えるタイプの人」と、「他者を主として考えるタイプの人」とがいるように思うんですが、川田さんはどちらのタイプだと思いますか？

雅志　間違いなく自分を主に考えますね。

安東　なるほど。だとして、今は奥様やお子さんを優先して自分のことは後回しにしていませんか？

雅志　はい、しています。

安東　すでに自分を後回しにしているのに、さらに奥様からの「私を優先して」という期待を感じると、もういっぱいいっぱいになってしまいますよね。

雅志　確かに。でもこんな時にはどうすればいいですか？

安東　まずは自分の中で我慢したり諦めてしまっていることを見直して、それを奥様と共有してみることでしょうか。でもそのためには奥様が我慢したり諦めていることを理解してあげる必要もあります。

雅志　我慢していること、諦めていること、といえばやっぱり野球ですね。実は少し前に軽く話したことがあるんですが、その時も言い合いになってしまって、もう解決できないだろうなと勝手に思っています。本当は話し合ったら解決するかもしれないけどやっぱり面倒くさいので……。

安東　なるほど、やっぱり野球をしたいんですね。

雅志　以前、野球で大怪我をしてしまったんです。一人目が生まれた時と、二人目が生まれた時も。「なんでこんな大事な時に自分の好きなことをして勝手にケガして何も手伝ってくれないの。もう野球をやめてほしい」って言われたんです。それでケガした後、1年間ぐらいやめたんですけど、「野球がないと自分のメンタルがやられてしまう」と言っても、「これだけ迷惑かけて、あなたのやりたいことでケガして家族にも迷惑かけて」って言われたので、隠れてやっていたらまたケガして……。それくらい野球は私の中ではやっぱりすごく大きいんですが、どうしても理解はしてもらえないって思うから話せなくなっています。

安東　話せないことや、話してもわかってもらえないと強く感じていることがあると、コミュニケーションそのものに消極的になってしまうと思うんです。頭では話を聞かなきゃと思っていても気持ちがついてこない。

雅志　はい、どうして自分ばかりが我慢して話を聞いたり、妻を優先しなきゃいけないんだって思ってしまいます。

安東　会話のたびにイライラしてしまうのは、どこか公平じゃないって感じるからなのかもしれませんね。だとしたら、「妻の話は共感して聞きましょう」って言われてなかなかうまくできないのも無理はありません。

雅志　はい。

安東　まずはこの不公平感を解消する必要があると思います。

雅志　でも妻からすると「なんであんなに迷惑かけたのに野球やりたいって言っちゃうわけ？」ってなると思います。

安東　そうですね、奥様は野球にはとってもネガティブな感情が紐づいてしまっているようなので、まずはその感情の処理が必要になります。

雅志　感情の処理ってまったくピンとこないんですが、どうやるんですか？

安東　奥様はきっと、当時すごく大変だったとか、すごく迷惑をかけられたという気持ちがあると思うので、まずはその気持ちを理解することでしょうか。その上で、謝るべきところは「ごめんなさい」を、感謝すべきところは「ありがとう」と伝えることだと思います。

雅志　ケガをしたのはもう何年も前のことですが、今謝ったり、感謝することに意味があるんですか？

安東　はい。感情には時間軸がないので、それが過去の出来事であっても思い出して腹が立てばその「怒り」は今感じる「怒り」になります。逆に、過去の出来事に対してきちんと向き合ったり謝ったりしてもらえると、そこに紐づいた感情が満たされてほどけていったりもするんです。

「野球ではたくさん迷惑をかけてごめんね」と伝えることで奥様の野球への考え方も少し軟化する可能性はあると思います。

雅志　自分の気持ちを伝えて、妻の話も聞くということですか？

安東　はい、でも聞くだけだと感情のわだかまりは解けないこともあるので、きちんと耳を傾けて聞く、そして一番迷惑をかけてしまった当時の気持ちに寄り添うことが大切です。

雅志　わかりました、でも難しいですよね。頭ではわかっているんですけどね……。

安東　はい、簡単ではないですね。だからこそいきなり100点満点を狙わずに、少しずつですね。

雅志　少しずつ一歩ずつ、ですね。本音を言うと、仕事も子どもとの時間も結構頑張っているので、やっぱりそれを誰かに褒めてほしいんですけどね。

安東　ですよね。でも、そこはまず自分で褒めてあげる。自分の中にすごくムリをしている自分がいると思うんです。なので「お前が我慢しているのはわかっている。でも、ここはうまくいくために一歩下がってくれよな。でもお前が我慢していることはわかっているからね」って自分の中の自分にOKを出してあげると、ちょっと落ち着くのではないでしょうか。

雅志　それいいですね、リトル川田を持つんですね。

安東　そうです。リトル川田さんをまず自分で承認してあげて、そこから夫婦関係に向き合うことが大切です。

COLUMN 01

夫婦カウンセリング

どんなご相談が多いのか?

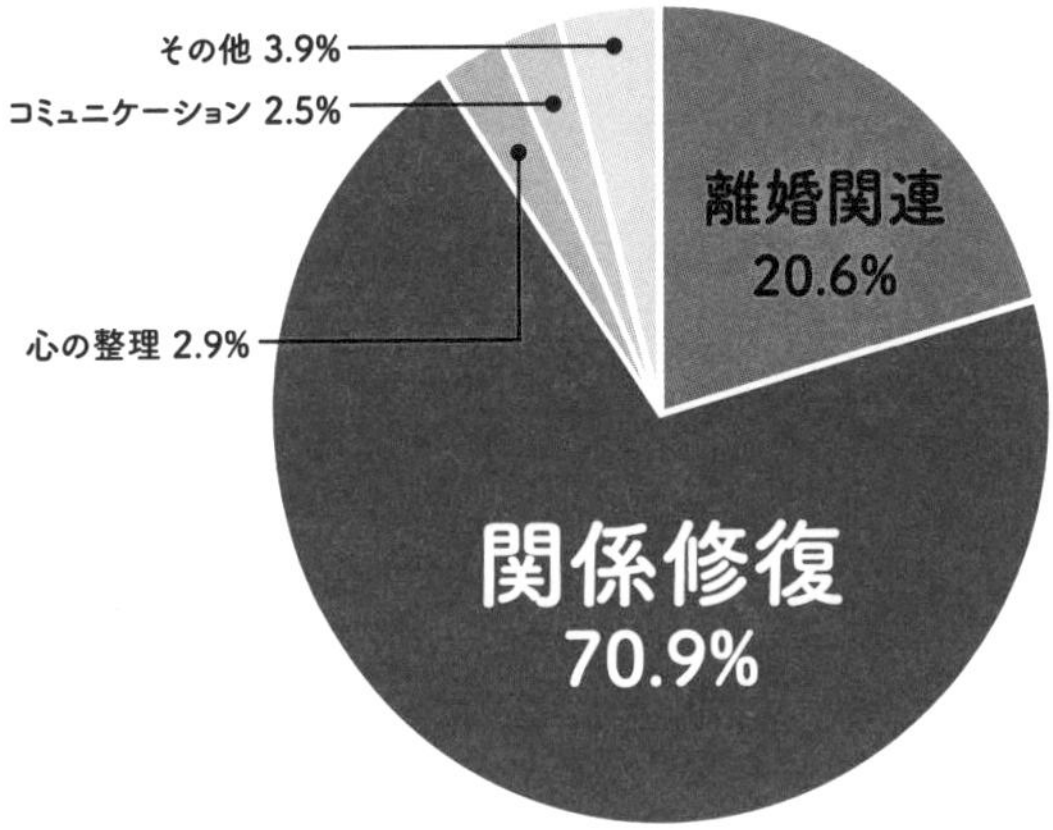
その他 3.9%
コミュニケーション 2.5%
心の整理 2.9%
離婚関連
20.6%
関係修復
70.9%

コロナ禍で夫婦や家族単位で過ごす時間が急激に増え、これまでなら気にならなかったコミュニケーションや生活スタイルの行き違いから深刻な問題にまで発展するケースが増えています。

「できれば離婚はしたくないけれど、自分たちだけではどうしたら良いかわからない」。そんな思いで始まる夫婦のカウンセリングですが、ご相談のテーマとしては、

- **コミュニケーションに関する問題**
- **仕事や育児などの価値観に関する問題**
- **不倫や浮気**
- **セックスレス**　等があります。

カウンセリングというと離婚のような重いテーマをイメージされるかもしれませんが、コミュニケーションや価値観の違いの見直しなど、夫婦関係の改善を目的にお越しになるご夫婦が7割を越えています。

夫のすべてに不信感を抱く妻

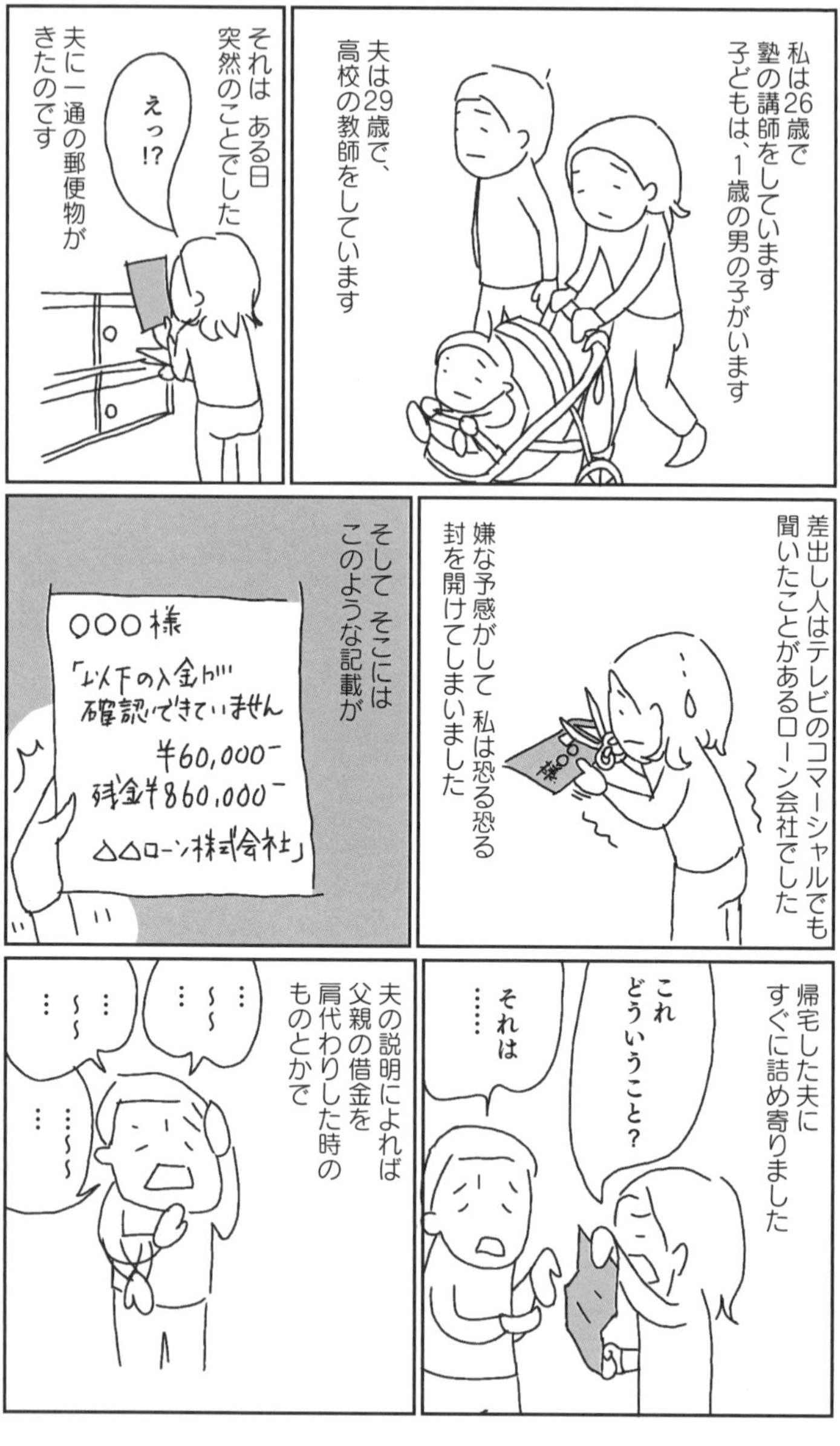
私は26歳で
塾の講師をしています
子どもは、1歳の男の子がいます
夫は29歳で、
高校の教師をしています
それは ある日
突然のことでした
えっ!?
夫に一通の郵便物が
きたのです
差出し人はテレビのコマーシャルでも
聞いたことがあるローン会社でした
嫌な予感がして 私は恐る恐る
封を開けてしまいました
〇〇様
そして そこには
このような記載が
〇〇〇様
「以下の入金が
確認できていません
￥60,000－
残金￥860,000－
△△ローン株式会社」
帰宅した夫に
すぐに詰め寄りました
これ
どういうこと?
それは
……
夫の説明によれば
父親の借金を
肩代わりした時の
ものとかで
…〜…
…〜〜…
…〜〜…

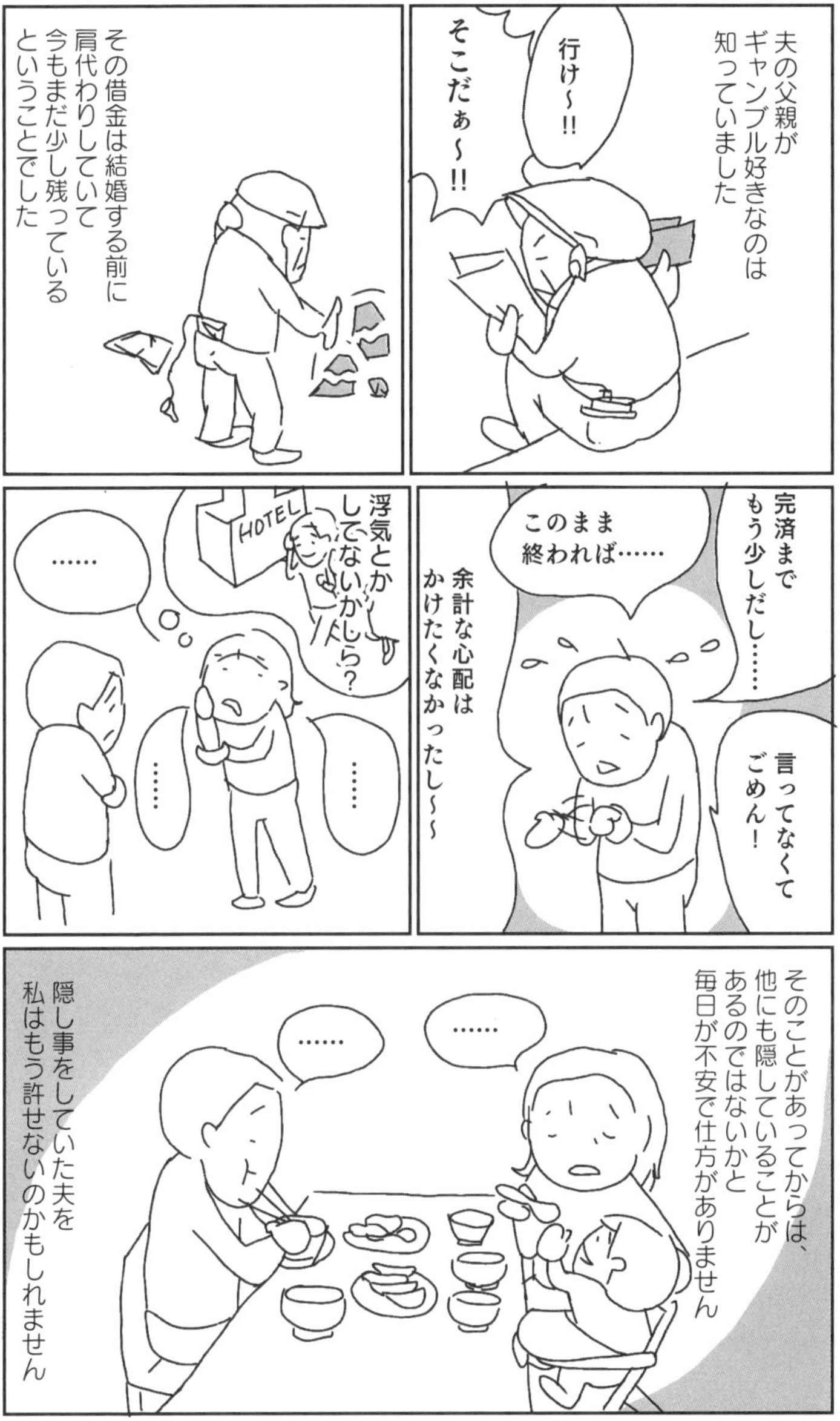
夫の父親がギャンブル好きなのは知っていました
行け～!!

そこだぁ～!!

その借金は結婚する前に肩代わりしていて今もまだ少し残っているということでした
完済までもう少しだし……

このまま終われば……

言ってなくてごめん!

余計な心配はかけたくなかったし～～

HOTEL
浮気とかしてないかしら?

……

……

……

そのことがあってからは、他にも隠していることがあるのではないかと毎日が不安で仕方がありません
……

……

隠し事をしていた夫を私はもう許せないのかもしれません

夫婦リカバリーの作法　CASE 04

借金が発覚。夫のすべてに不信感を持ってしまった妻

相談内容

夫には、結婚前からの親の借金があることが発覚。それを後から知らされたことで、夫に不信感を抱く妻。それからは、なんとなくモヤモヤした不安な気持ちになり、夫を全般的に信じられなくなってしまった。
第三者を踏まえて話をした方がいいと考え、ご夫婦でカウンセリングにいらした。

相談者

阿部一真さん・由佳さん(仮名)ご夫婦
夫は29歳で高校の教師。妻は26歳で塾の講師。
1歳の息子がいる3人家族。夫婦関係は良好。

●親の借金をなぜ夫が返すのか納得できない

安東　ご主人が借金をされていたということですが、その内容と発覚した経緯を詳しくお聞きできますか？

阿部由佳さん（以下、敬称略）　夫に結婚前からずっと支払いをしているカードローンの借金があったんです。お義父さんのギャンブルの借金を肩代わりしたものなので、彼の問題じゃないのはわかっていますが、金額は、私たちにとっては少なくはない額です。

安東　発覚したのは何がきっかけだったんですか？

阿部一真さん（以下、敬称略）　たまたま引き落としに使っていた口座に残高が足りなかったようで……。

由佳　ビックリしました。ローン会社から郵便がくるなんて……。

一真　結婚前からずっと払っているものだから、わざわざ言う必要はないって思っていて……。黙っていたのを怒っているんだと思うんですけど別に隠していたわけじゃないし、なんでそんなに怒るのかなって正直思っています。

由佳　そう、ずっとこんな感じなんです！　わざわざ言う必要ないってそれおかしくないですか？　こっちが気づかなかったら、ずっと黙っていたんだろうなと思うと、なんだかイラッとしちゃって。モヤモヤがずっと消えないんです。

一真　借金だけじゃなくて、浮気とかしているんじゃないかって言うんですよ。それって飛躍していませんか？　こちらは聞かれたから正直に答えただけなのに。なんか疑われているみたいで僕もイラッとしちゃいますよね。

由佳　ここに来る前にも話し合ったんですけど、私はこの漠然とした不安な気持ちを理解してもらえないし、日に日に不安が大きくなる一方なんです。それは彼も同じなのかもしれません。そもそも親の借金を子どもが肩代わりしなきゃいけないのもおかしいなと思うんです。

一真　息子としての責任があるから肩代わりしただけだって。それってそんなにおかしいですか？　しかも結婚前のことなんですよ。こんなに怒る妻の方がおかしいと思いますね。

安東　なるほど。客観的に見て、親の負債を子どもが返済するというのはそこまで不自然ではないのかもしれません。でもそれを夫婦間で共有していなかった、というのは二人の関係性としてはよくなかったのかも。一真さんはどうして由佳さんに言わなかったんでしょうね？

一真　言う必要がないと思っていましたから。

安東　なぜ言う必要がないと思ったんでしょうか？

一真　僕の責任ですから。

由佳　そう、いつもこうなんです。「俺の責任だ、俺が決めたことだ」って。確かに結婚前のことだから、肩代わりしたことに文句を言っているわけではないんです。それを言ってくれなかったことにイラッとしているんです。

安東　そうですよね。一真さんは確かに、ご自身の責任でお父さんを助けたんですよね。それはなかなかできないことだし、すごいことだなと思います。でも、由佳さんからすると「どうして『自分の責任』だって一人で背負っちゃうの？」と感じているのかな？　と思います。

由佳　そう、それなんです！

一真　でもね、こんなの妻に背負わせたくないじゃないですか。僕と親父の問題だし、夫婦間の問題じゃないから。だからわざわざ言わないし、できれば言いたくなかったですよ。

由佳　え、そんな風に思っていたの？　子どもが生まれるってなった時に、「これからはお財布はひとつにして一緒に頑張ろうね」って言ったじゃない。だから私が聞かないと教えてくれないなんて、何かやましいことでもあるんじゃないかって思ったんだよ。

安東　ご主人が奥様に借金のことを言わなかったのは、由佳さんに負担をかけたくなかったということなんですよね。きっとここでの負担は、経済的な負担というより、精神的な負担ではないでしょうか。

一真　はい、そうかもしれません。

由佳　なるほど。そうだったんですね、少し納得できました。

●心の奥に潜んでいる感情

安東　ここまでお話を伺ってきて気になっているんですが、一真さんはやや責任感を持ちすぎるというか、一人で背負いすぎる傾向があるのかなと思います。それはもちろん悪いことではありませんが、行きすぎると由佳さんが孤独になってしまわないか心配になります。

由佳　実際、今回のことでずっとモヤモヤしていたんですが、今お話を聞いてわかりました。私、ずっとなんか寂しいなって感じていたんだと思います。

一真　え、どうして僕が借金のことを言わなかったからって君が寂しくなるの？

由佳　だって、夫婦なんだよ。あなたの借金は私にだって関わってくるし、結果的に子どもにだって迷惑がかかっちゃうことだってあるかもしれない。

一真　でも、もう残りわずかだし、実際に家計には影響しないようにしているでしょ？

由佳　「財布をひとつにして頑張ろうね」って話し合っているんだから、家計に影響しないっていうのはそもそも変じゃない？

安東　はい、ちょっとひと息入れますね。子どもにだって迷惑がかかるというのはちょっと感情的な反応かなと思いますが、由佳さんの「寂しい」という気持ちはよくわかります。

それはきっと「あなたは私を人生のパートナーだと思ってくれていないんじゃない」という寂しさなんじゃないでしょうか。

由佳　……なんか、泣きそうです。

一真　……。

安東　お財布をひとつにしようというのは、実はご夫婦にとってはとても大切な取り組みだと思うんです。それは、これまで別々に生きてきた二人が、これから一緒に人生を歩んでいくことを決めたからこその取り組みだからです。

由佳　はい、私はそんな気持ちでした。

安東　それは単にそれぞれの銀行口座をひとつにまとめて管理するという事務的な話だけではなく、お互いを人生のパートナーとして認めるという意味もあったんだと思うんです。それなのに、あまりオープンじゃない部分があったから、寂しく感じたのかもしれませんね。

一真　そうだったの？　全然、そんな風に考えたことなかった。

由佳　言ったじゃない、これからは子どものために一緒に頑張ろうね！　って。

一真　いや、それじゃわからないよ。

安東　そうですね。それだけだと確かにちょっとわからないかもしれませんね。でも、今なら理解できますよね？

一真　はい、それはよくわかりました。

安東　じゃあ次は、一真さんは由佳さんに甘える練習が必要ですね。

一真　甘える、ですか？

安東　はい、お父さんの借金を由佳さんにも負担してもらうんです。実際、家計がひとつということはそうなっているんだと思いますが、ここは儀式的にでもいいので、言葉にして、由佳さんにお願いしましょう。

一真　今、ですか？

安東　はい、今です。言えますか？

一真　え……ちょっと嫌だなぁ。

由佳　なんで嫌なのよ。

安東　男性はですね、そもそもお金の話を夫婦間ですることが、苦手な男性は多いんです。それは、お金というのは「力とか権力」を象徴するところがあって、お金のことで妻にお願いをするというのは、心理的には自分の弱さを突きつけられているようで抵抗感があるのかもしれません。
一真 確かに、それちょっとわかる気がします。そもそも親父が借金しているのも結構格好悪いというか。それもあって言えなかったのかもしれません。
安東 はい、じゃあお願いしてみましょうか。
一真 わかりました。
由佳 えー、なんか私が緊張しちゃう。
一真 由佳さん、親父の肩代わりした借金、家計から出させてください。お願いします。
由佳 はい、わかりました、大丈夫。
安東 言ってみてどんな感じがしますか？
一真 あれ、言えた、って感じですかね。言ったらなんか少し楽になりました。
由佳 私は、主人が難しそうな顔をしているのがおかしくて。申し訳なさそうにしているなと感じたんですけど、夫婦なんだからそんな風に思わなくていいからと言いたいですね。
一真 そっか、「夫婦なんだから」って妻がよく言うんですけど、そんな感じなんだ。

今までは夫婦だからってなんか堅苦しいなと思っていたんですが、今日のはなんか気分が軽くなった気がしました。

安東　そうですね、夫婦だから、夫だから、妻だから、って言葉を使われると、どこか相手の価値観に縛りつけられてしまうようで抵抗感を覚えることもあると思いますが、今の由佳さんの「夫婦なんだから」には良いものもそうでないものも、分かち合っていこうねという気持ちが含まれていたように思いますね。

一真　なるほど。僕はどこかで夫婦だからってあんまり頼ったりしたらいけないと思っていたのかもしれません。でも、それが妻を寂しく感じさせていたんだったら、悪かったなと思いました。

由佳　私もすっきりしました。よかったです。

【解説②】隠れた問題に目を向ける

●表面化した問題と隠れた問題

二人の間に行き違いや衝突がたびたび起こるという時にはまず、それが「コミュニケーション」の問題なのか、それとも「考え方や価値観の違い」の問題なのか、あるいは「感情」の問題なのか、を考えてみます。

この2例のご相談はいずれも、一見するとコミュニケーションの問題のように見えて、実はそれだけではない問題が隠れていたというケースです。

女子トークのような妻の話を聞くことにイライラが募ってしまうという川田さんご夫婦（CASE3）の場合、うまくいかないコミュニケーションの背景には双方の「感情的なわだかまり」が潜んでいました。

いっぽう、借金を隠されたことがきっかけで不信感が拭えなくなってしまった阿部さんご夫婦（CASE4）は、「夫婦間で共有すべきもの」に関する考え方の違いから生じた気持ちの行き違いがありました。

夫婦関係を改善するためには、その問題に隠れて見えにくくなっている「隠れた問題」にも目を向けることが大切です。

●「夫婦だから」という過信は横に置く

うまくいかない時には、ついその出来事にばかり目を向けてしまいやすいものですが、問題となっている出来事の背景には必ずそれを引き起こしている理由があります。

理解に苦しむパートナーの言動や、許しがたいと感じる問題であっても、一歩下がって見つめてみると案外違った見方ができ、そこから解決の糸口が見つかる場合があります。

夫婦だから、と過信しない。

誰もが自分のメガネを通して相手を見ています。このメガネは自分の物語ばかりが見やすく、相手の物語は見えづらいようにできていて、それは夫婦でも変わりません。

まずは自分が見ているもの、聞いていること、話していることのすべては、自分の常識と価値観を通したものであり、相手には相手の常識と価値観があるということを認識しておくことが大切です。

とかく夫婦という関係には、誤解や過信が入り込みやすいところがあるものです。それはお互いが相手に大きな期待を寄せているからかもしれませんし、わかっているつもり、という思い込みがあるからかもしれません。

ちょっとした行き違いも、積み重なると絶望的なすれ違いにまで大きくなってしまうことも少なくありません。

自分の気持ちは相手にきちんと伝わっているか？　伝わるように話しているか？　相手の気持ちをきちんと理解しているか？　理解しようとしているか？

「夫婦だから」という過信を横に置いて、対話を重ねてみることが大切です。

第3章
自分の居場所を確保する

キレやすい夫と離婚したい

私は32歳 広告関係のデザイナーの
仕事をしていて
年長になる男の子が一人います
夫は36歳
広告代理店に勤務しています
実はこの夫が
とにかくキレやすい性格で
もう我慢ができません
こんなこともありました――
ただいま～
ケーキ
買ってきた
みんなで
食べよう
――
もうK太は
寝てるから
明日に
しましょう
なんでだよ！
そもそも、
なんでお前は
最初に
「ありがとう」が
言えない
んだよ！
なにぃ!?
夫は自分の思いどおりにならないと
すぐにキレるのです
だいたい
お前は
……!!
……だから
ダメなんだ!!
……
時には息子にまで――
K太、
お前は
……!!
……
ちゃんとしろよ!!

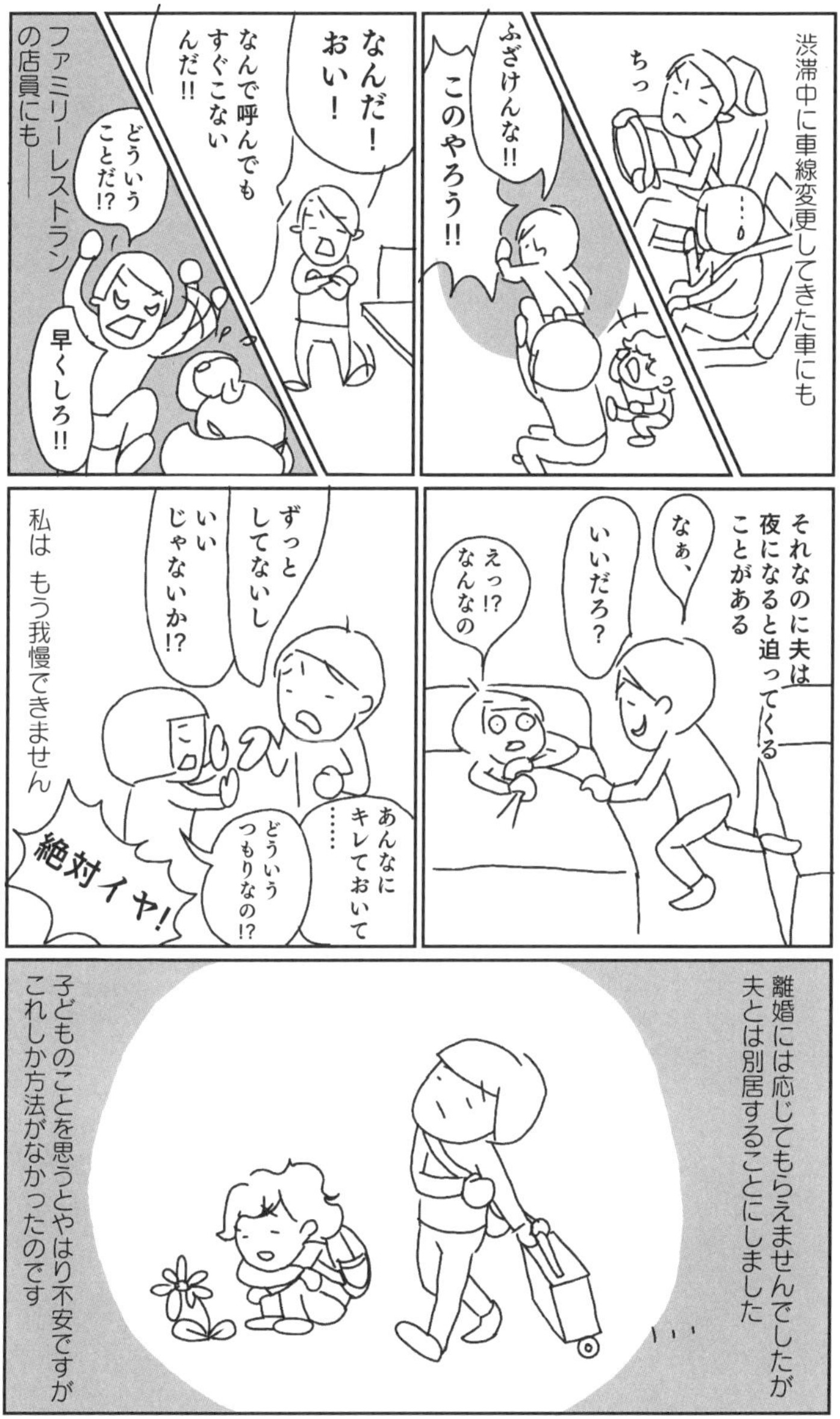

渋滞中に車線変更してきた車にも
ちっ
…
ふざけんな!!
このやろう!!
なんだ!
おい!
なんで呼んでも
すぐこない
んだ!!
ファミリーレストラン
の店員にも――
どういう
ことだ!?
早くしろ!!
それなのに夫は
夜になると迫ってくる
ことがある
なぁ、
いいだろ?
えっ!?
なんなの
ずっと
してないし
いい
じゃないか!?
私は　もう我慢できません
あんなに
キレておいて
……
どういう
つもりなの!?
絶対イヤ!
離婚には応じてもらえませんでしたが
夫とは別居することにしました
子どものことを思うとやはり不安ですが
これしか方法がなかったのです

夫婦リカバリーの作法　CASE 05

キレやすい夫が理解できない、今すぐ離婚したい

相談内容

場所を選ばずキレる夫。そのキレやすい性格をどうしても受け入れられず現在別居中。離婚も視野に入れているが、話し合いに応じてくれず、どうすればいいのか悩んでいる。また、離婚したとしても子どもがいるので、今後もやり取りは続くため、少しは理解してあげられるようになりたいとも思っている。

相談者

石田加代さん（仮名）
夫は36歳で広告代理店勤務。
妻は32歳で広告関係のデザイナー。
共働きで年長の男の子がいる3人家族だが、別居を決意し妻が家を出る。

●公共の場でも思い通りにならないとキレる夫

安東　ご主人がキレやすい、ということですが、それはどんな場面で起こりますか？

石田加代さん（以下、敬称略）　もう場所を選ばずどんな所でもです。電車の中でもお店でも。それがどうしても受け入れられなくて、許せないんです。ただ、そもそもの性格なので仕方がないんですが……。

　子どもがいるので今後離婚してもその関係がまったくなくなることはないですし、やり取りはしていかなければいけないと思うので、少しは理解してあげられるようになるといいかなと思っています。

安東　どんなことでキレてしまうことが多いですか？

石田　付き合い始めた頃から、よくキレる人だなとは思っていて、最初の頃は、決まった時間に食事をとりたいと言われて、その通りにできないでいるとイライラされたり……。否定するとキレることが多いですね。とにかく自分の決め事がたくさんあるんです。

例えば、仕事帰りにケーキを買ってきてくれることがあったんです。でも、子どもには遅い時間に甘いものは食べさせたくないので、「ケーキは今ちょっと食べられないよ」と言うと、「なんで買ってきてやってんのにありがとうが言えないんだ」って。気持ちは理解できるんですが、善意の押しつけというか、喜ぶだろうと期待していて、その自分の予想が裏切られるとキレやすい気がします。

安東　付き合っている頃からということですが、程度はひどくなっていますか？

石田　そうですね。出会った頃は、すごく優しい人でした。私はその頃付き合っている人と別れようとしていたので、彼だったら今の苦しい状況から逃れられるのではないかと思っていたような気がします。でも、仕事をし始めてだんだん忙しくなってきたら、キレることが多くなってきました。

安東　今は別居されてるんですよね？　戻ることは考えられないですか？

石田　はい。それは考えていません。

安東　ご主人の方はどうでしょうか？

石田　以前は「離婚してもいい」と言っていたのですが、言うことがコロコロ変わって、この間「今後の話をしたい」と話したら、「まだ離婚するなんて決まってない」

と言われました。

安東　離婚したいという加代さんの気持ちは伝わっているんですよね？

石田　はい。

安東　手をあげられたり、ということはありませんでしたか？

石田　直接殴られたりすることはありませんが、夜中に話をしようと言われた時に、今は子どもが寝ているので嫌だと言うと、どうしても話をすると詰め寄ってきて、私が取り合わないとパソコンや携帯を奪うので、取り返そうと私も突っかかっていって押し倒されたということがありました。

安東　そのことにご主人は問題意識を持っていますか？

石田　どうなんでしょうか……。以前、ファミリーレストランで食事をしていた時、店員さんに「食べ終わったお皿を片付けてくれ」と言ったのですが忙しくてなかなか来なくて、店員さんから「あ、ちょっと待ってください」と言われた次の瞬間に、急に立ち上がってその店員さんに詰め寄っていました。

日曜日のお昼の満席の店内で、一瞬お店がシーンとなってしまいました。私も止めに入りましたが、熱くなっていて私も振り払われてしまいました。

後になって、「あれはやっぱりおかしいよね」と言っても「手は出してない」と言って。私の母も一緒だったので、「子どもや母の前であんなことやらないで」と言ったら、「あれはお義母さんがいたからこそやったんだ」と言うんです。失礼な態度を取った店員さんを許せないのは、お義母さんに対しても失礼だったみたいなことを言うんです。「俺は正しいことをした」と言っていました。

●感情をコントロールできないのは、彼の問題

安東　ご主人とお話をしていないので、十分な情報があるわけではありませんが、今お聞きしたお話からだけだと、ご主人はやや「自己愛」が強めなのかな、という感じがします。

石田　自己愛が強いというのは？　自己肯定感が高いということでしょうか？

安東　ここはよく誤解されやすいところなんですが、「自己愛が強い」ということと「自己肯定感が高い」ということはまったく違います。

自己肯定感が高い人は、自分のことを肯定的に捉えることができている人ですね。

自分を肯定的に捉えられる、ということは、もし自分が間違っていたならそれを受け入れることができます。

いっぽう、「自己愛が強い」状態というのは、自己中心的な考えになりやすいので、たとえ自分が間違っていたとしてもそれを受け入れられなかったりします。

石田　そうなんです、まさに彼がそんな感じです。

安東　ファミリーレストランでの出来事も、お義母さんに失礼な思いをさせたからというよりも「お義母さんの前で自分に恥をかかせやがって」という意識の方が強いような気がします。お義母さんに配慮するのなら、その態度の方がよほど恥ずかしいし、気まずいですよね。

石田　そうですね。あと、「とにかく自分の話を聞け」というのが強いと思います。

安東　こういったケースでは、加代さんが取り組むことで間接的にご主人にアプローチをする、というのがなかなか難しいと思います。

ご主人自身が問題意識を持って「これはまずい」という危機感を持たれているなら取り組む方法はありますが、「自分はおかしくない、お前の方がおかしい」というスタンスでは状況は変わりにくいと思います。

石田　本人はアンガーマネジメントに行ったり、漢方を処方してもらったりしていて、「俺も努力しているんだ」みたいなことを言うんですけどね。

安東　感情を扱うのは本当に難しくて、本格的にアンガーマネジメントでトレーニングを積んでいけば、怒りをコントロールできるようになりますが、予防的段階まで取り組むこと、つまり怒りに火がつかないことも大事だと思っています。

怒りにいったん火がつくと、消すのは簡単ではありませんから。どんな時、どんな場面でキレやすいのか、流れを書き出してみてできるだけ手前で止めることを考えてみることが大事です。

石田　流れを書き出す、ですね。実は私も彼がキレるとやめてほしくてつい大きい声を出してしまうんです。すると、「なんで大きい声を出すんだ、お前がキレてんだろう」とか言われて、お互いにエスカレートしてしまうんですよね。

私自身も感情的にならなければ、大きな揉め事にならずに済むのかなと思うんですが、ずっと我慢して受け止めていくこともできないし、こういう状況がずっと続くのは辛いので、もう離れたいって思ったんです。

●大事なのは、我慢しない、受け入れない、合わせない

安東　加代さんはまず、ご主人の感情に巻き込まれない、引っ張られないことが大切ですね。

やはり男性が怒るのは怖いので、応戦するにしても逃げるにしても、何かしら反応してしまいます。そこはあまり反応せず、ご主人との間にきちんと線を引いて、「感情的になっているのはあなたの問題だからね」と、一歩下がる感覚が持てるといいと思います。

石田　なるほど、それは伝える感じですか？

安東　伝える前に、まずはその感覚を加代さんが持っておくことが重要です。実際に伝えるとなると、ご主人の反応も気になります。今はコミュニケーションの段階ではなく、心理的安全性を確保する段階かな、と思います。

石田　ついつい私も言っちゃうんですよね。

安東　反射的に返してしまうようなら、それは加代さんの課題かもしれませんね。感情

に感情で応戦してしまうと対立関係になりますよね。このまま別居を続けるのか？　同居を試してみるのか？　あるいは離婚に向けて踏み出すのか？　大切な話し合いが残っていますから、そのためにも安全に対話ができる状態を作りたいところです。

石田　昔からケンカが多くて、その都度私は離婚したいと言っているんですね。付き合っている時も、私にキレることが多いので、「そんなに嫌なら私じゃなくていいじゃない」と言って一回別れたんです。

そうしたらその後に妊娠がわかって。話し合いをして出産の1か月前ぐらいに入籍して、もう1回頑張ろうと思いましたが、やっぱり変わらなかった。

人間は変わらないなと思って呆れてしまいます。理解できないし、本音を言えば、もう関わりたくない。性格が嫌なので、そこにどう向き合えばいいのか。線を引いて私は同じ土俵に立たないとしても、好きになるのは難しいと思います。この気持ちは変わるものですか？

安東　好きにならないといけませんか？

石田　あ、いえ、そうですよね、ただ安全に対話ができる状態って相手に好意があるものかと。

安東　もちろん、ご主人への好意が戻ってくるのは良いことですよね。でも、無理に好きにならなきゃいけないなんてことはないと思います。まして、ご主人の嫌なところを好きになるなんてできないですよね。

あと、今はご主人の良いところや好きなところまで、嫌なところで見えなくなっているのではないかと思うんです。だけど、付き合って結婚したぐらいだから、もともとは好きなところも良いところもあったはずじゃないですか。

石田　うーん。

安東　ご主人の嫌なところを好きになる必要はありません。それは加代さんの問題ではなくてご主人の問題。

「私が好きなのはあなたのこの部分。私はあなたのこの部分は好きじゃない」

「これからも一緒にいたいんだったら、こっちのいい部分を中心に生活してください」

と伝えられるといいですね。これが交際中のカップルだったら当たり前ですよね。好きになってもらうようにお互い努力するだろうし、嫌われる要素は改善しようとしますよね。関係を改善したいと考えているなら、好かれる努力を、ご主人がしなきゃ。

石田　確かにそうですよね。

安東　まずは「あなたがそんな風に怒っている間は話はしないから」と言えるようになるのがスタートラインでしょうか。「じゃあいつ話せるんだ」と言われたら、「あなたが落ち着いたら」と伝えます。いつというのは時間ではなくて、「あなたが落ち着いて冷静に話せるなら話すけど、そうでないなら話しません」でいいと思います。

向こうがヒートアップしてもスルーする。言葉にしなくても、自分の中に線を引いて自分を守るという感じです。巻き込まれないのが一番ですね。幸い、別居で物理的な距離は取れているので、まずは安全な心の距離を確立することが大事です。

「この関係を継続したい、改善したいと思うなら、取り組むのは彼」であって、取り組みたくない、取り組むつもりもないということなら、関係改善は難しいし、加代さんも私はここからは譲りませんという線を引くことも大事です。

今は我慢しない、受け入れない、合わせない、です。

石田　我慢しない、受け入れない、合わせない、ですね。それは大丈夫な気がします。もう振り回されるのに疲れてしまったので。合わせたくないし、受け入れたくもない。

安東　ご主人のことが嫌だなと特に思うようになったのは、お子さんが生まれてからですか？

石田　いえ、子どもが生まれる前の旅行中にも、私が移動中に寝てしまうと「次の予定を決める時間でしょ」と怒られたり……。彼はちょっとしたことでイライラするんです。出かけたりすると楽しいですが、必ずケンカするし、嫌なことも一緒についてきてしまう感じでした。

自分の気持ちを整理するために彼の嫌なことを書き留めていますが、小さい不満がいっぱい積み重なってきた気はしますね。子どもができていなかったら絶対に別れています。

安東　ご主人の性格的な要素もあるのかもしれませんが、もうひとつご主人の中で恋愛時期の関係性のまま、アップデートされていないのかもしれませんね。

恋愛中は、楽しいこと、自分が受け入れられていること、存在価値を認めてもらえているということが大事だったりしますよね。でも結婚して一緒に暮らし始めると、そこには日常があって、それぞれの価値観ややり方がぶつかり始めたりします。子どもができるとなおのことです。

交際時期だったら、ケーキを買ってきてくれたら「嬉しい、ありがとう、食べよう」となるものが、子どもが中心の生活では「こんな時間に食べさせたくない」となるのは自然な流れですよね。

育児を軸に考えている側からみれば当たり前ですが、恋愛時期のままアップデートされていないとしたら、「昔はそれで楽しかったのになんで？　お前が変わった」となるのかもしれません。

関係性が変われば関わり方もアップデートしなければいけないということを、ご主人にも理解してもらう必要があると思います。

石田　確かに子どもの話を優先して聞くと怒ったり、私が違う話をし出すと「俺の話は聞いてくれないのか」と怒りますね。

安東　恋愛時期の感覚のままずっといられることはない、それをまず理解してもらわないといけないですが、これを当事者同士で話し合って理解してもらうのは難しいかもしれません。

でも今はそれより、ご主人ときちんと話し合える環境を整えることが大切です。

石田　どうすればいいんでしょうか。

安東　まず自分を守りましょうというのが基本ですね。ご主人がキレます、機嫌が悪くなります。その様子を見て嫌だと思う、嫌な気持ちになっているのは加代さんですよね。ご主人の態度を見て嫌になるのはどんな気分でしょう。
石田　せっかくの楽しい時間を台無しにされてがっかりするし、残念ですね。
安東　他にもありますか？
石田　もったいないなと思います。そんなに怒って、自分も嫌なんじゃないかなって。いろんな可能性を潰してしまっていそうで、ちょっとかわいそうだなと思います。理解できないですね、どうしてそうなるんだろう。
安東　感情の話をするときは、いつもこういう話をします。ご主人がいます。ご主人を見ている私がいます。ご主人がキレるとキレるご主人が悪いと思いますよね？
石田　はい。
安東　その態度をやめてほしい、それが嫌だと思いますよね。でも、この嫌だという気持ちは加代さんが感じている感情です。
キレるご主人を見て、加代さんの中に嫌悪感というネガティブな感情が芽生えているということです。それは、もちろん自然なことです。そこで重要なのは、キレているご主人を見た時に自分の中で起こる感情はコントロールできるということです。
ご主人のことはコントロールできなくても、キレるご主人を見た時の自分の中で起こるネガティブな感情は、自分の中で起こることだからコントロールできるんです。
カウンセリングを進めていくならば、自分の中で起こっているネガティブな感情をどう扱っていくかが、加代さんの課題になってきますね。
ご主人にしても、どんな理由であれ、怒っているのは自分であって自分の問題なんだという着眼点があると、いろんなテクニックがあるし、取り組み方も提案できます。

石田　そうなんですね。本当は彼こそカウンセリングが必要だと思うんですけどね。

安東　そうですね、いずれそんな日が来るといいですね。
ちなみに、ご主人がキレることでがっかりするとか、かわいそうな気持ちになるということですが、それはどんな感じですか？

石田　だって、こんな風に妻から嫌われて、子どもにも会えなくなって、本当なら楽しいこともっと一緒にできたはずなのに。そう考えるとなんだか、かわいそうな人だなって思いますよね。

安東　そうなんですね。だとしたら加代さんは、本当はもっとご主人を愛したいのかもしれませんね。

石田　え、どうしてですか？　そんな風には思ってもみませんでした。

安東　もしご主人があんなふうにキレたり、理不尽に怒ったりしないでいてくれたら、私はもっとご主人を大切にできるのに、という気持ちがあるのかもしれません。

石田　ちょっと胸がザワッとします。

安東　キレたり、理不尽に怒ったりするご主人のことは嫌い。でも、そうでないご主人のことは大切に思っている。これってまったくおかしなことじゃないですよね。

まずはきちんと線を引いて、加代さんの場所を確保することから始めましょうね。

石田　そうですね、基本的にキレやすい彼は昔から変わっていませんが、私に対する気持ちも変わっていないのかもしれません。でも、私がどんどん嫌になってきて、子どもも優先になったり、私のそういう変化も夫婦関係に影響しているのかもしれませんね。でもやはり受け入れるのは難しいと感じています。

安東　そうですね。まず、ご主人にはきちんと線を引いて伝えた方がいいですね。あなたが変われないのであれば、これ以上夫婦関係を続けるのは難しいし、変われるのであれば、検討するということかなと思います。

石田　わかりました。私自身の対応に対しては、今後試してみようと思います。

セックス拒否で離婚を告げられた妻

私は38歳の専業主婦
夫は外資系の企業で金融関係の仕事をしていて小学3年の息子が一人います
そんな私たちは
仮面夫婦なのです
ある日——
ねえ 話があるの
この仕事家に持ち帰ってきたんだ
ねえ、話があるの
これ出社前に終わらせないといけないんだ
親戚が集う機会には仲睦まじい夫婦を装っています
家に帰ると私はいつも一人

そんな夫婦関係なのに
ある夜 突然
夫が迫ってきたのです
なぁ
今日はいいだろ?
ちょっと
やめてよ!
イヤよ
拒否した数日後――
離婚
してくれ
夫から離婚を
言い渡されたのです
……
ここは
俺の家
なんだから
お前が
出ていって
くれよな
……
離婚する気持ちの準備はできています
ただ子どものためには
こんな仮面夫婦でも続けていくべきか
悩んでいます

セックスレスを理由に離婚を迫られた妻

相談内容

仕事の忙しい夫とは、ほとんど会話がなく、長い間、仮面夫婦だという。

ある時、突然セックスを迫ってきた夫を拒否したら、数日後、離婚届を突きつけられた。

今は、いつでも離婚したい気持ちと、現実的に難しいと思う気持ちとで揺れている。

経済的に余裕があればいつでも家を出たいし、別居するのが一番良い選択ではないかと考えている。

相談者

佐藤りえさん（仮名）
夫は40歳、外資系金融勤務。妻は38歳の専業主婦。結婚11年目。小学３年生の息子を持つ３人家族。

●離婚したい気持ちと難しいという思いで揺れている

安東　ご主人から離婚を迫られたということですが、詳しくお聞きできますか？

佐藤りえさん（以下、敬称略）　私たち、もう長いこと仮面夫婦で。産後から夫婦関係は悪化していて、私の側には、ワンオペで色々と不満があったり、そもそものコミュニケーション不足だったりで恨みつらみはたくさんあります。現在では会話は必要最低限ですし、寝室も別にしています。

それが先日、夫が突然私の寝室に入ってきてセックスを迫ってきて。突然のことだったので、私も動揺して「やめて！」と叫んで拒否しました。そしたら数日後、夫から離婚届を突きつけられました。それからは些細なことで、突然怒り出したりもします。今の私の気持ちとしては、いつでも離婚したい気持ちと、現実的に難しいと思う気持ちとで揺れていて……。

安東　それ以降は、どのように過ごしているんですか？

佐藤　つい最近、親戚の結婚式があったんです。家から一歩外に出ると、本当に仮面夫婦だなと思うんですけど、そういう場では普通に何事もなく話すことができました。
安東　なるほど。今、ご自身としてはどんなお気持ちですか？
佐藤　正直なところを言うと、実家が裕福だったら今すぐに家を出たいです。
安東　経済的に安定性があれば、ということですね。
佐藤　そうです。子どもがまだ小さいので、働くにしても祖父母の協力が要りますし。もう別居するのが、私たち夫婦にとって一番良い選択なのかなと思っています。
安東　現実的には、どんな選択肢がありますか？
佐藤　子どもは転校したくないと言っていて。同じ学区内で引っ越すにしても、通学班の変更やら、それをいちいち説明するのも面倒だなと思う気持ちがあります。経済的なこともそうですし。夫は「この家は俺のものだから、お前が出ていけばいい」と。現実的ではないことはわかっているんですが……。
安東　感情的なやり取りの中で、「俺のもの」「出ていけば」とあるようですが、ご自宅の名義がご主人のものでも婚姻後に購入されたものであれば、財産分与の対象になるでしょうし、ちょっと衝動的な表現かなとも思います。勢いや言葉どおりに受け取ってお子さんと現在のご自宅に住むことを早々に諦める必要はないと思います。

離婚は合意がなければ簡単には成立しません。裁判に進んでいった場合にセックスレスは、「婚姻を継続し難い重大な事由」と認められることはありますが、現在のような状況で、即離婚に同意しなければならないということはありません。

ただ、会話がないことや、夫婦の関係がこじれていることに関して、ご主人が限界だと感じているということは理解してあげる必要がありますね。

彼の状況を理解してあげるということと婚姻関係を終わらせていくということは、ひとまず分けて考えた方がいいと思います。

その上で、りえさんが対話するだけのモチベーションがなくなってしまっていることも考えられますが、そのあたりはいかがでしょうか？

佐藤　会話について私は、いつでもウェルカムなんです。

●「夫婦関係が辛い」沼にハマっている夫

安東　ネガティブな感情にハマっている状態を、闇とか沼と表現することがありますよね。私の見立てになりますが、りえさんは沼から抜け出して、俯瞰ができている状態なのかもしれません。いっぽう、ご主人の方は沼にハマってしまっている。そんなご主人を見て、りえさんは少し引いてしまったのかもしれませんね。

佐藤　そうかもしれません、一時期は動揺していましたけど、今は安定している感じがします。

安東　いっぽう、ご主人は沼にハマっていて、通常モードではないように思えます。

佐藤　わかります。

安東　これにはいろんな要因があるので、ご主人と話をしていない段階では決め打ちはできませんが。まずは、ご主人に通常モードになってもらうように、働きかけるのがいいのかなと思います。

といっても本来はご主人の問題なので、りえさんが責任を負いすぎる必要はないですよ。そこまでご主人を追い込んでしまったと感じる必要もなければ、ご主人をどうにか変えていかなきゃいけないと気負う必要もないと思います。

第一段階として、「今の状態では冷静に話ができないから、コンディションを整えてきてください」ときちんと伝えることだと思います。

別れると言って衝動的に離婚届を持ってきたり、感情的に怒ってみたり。その状態で、「婚姻関係をどうするのかという大事な話ができるはずないよね」ということを、冷静に伝えられるといいと思います。どうでしょう、難しいですか？

佐藤　昔から、仕事的というか義務的な会話はスムーズにできるんです。ただ、彼も私に対してすごく冷めているのが伝わるので、「もういいよ」って言われてしまったら「話し合いをしようと思った私がバカだったんだな」と、また傷つく自分を想像してしまうんです。

安東　傷つくとしたら、どの部分に傷つくと思いますか？

佐藤　せっかく私が話を振ったのに、受け入れてもらえない。結局のところ、やっぱり変わらないことに傷つくと思いました。

安東　だとしたら、傷つく必要はまったくないと思います。なぜ傷つくかというと、今おっしゃったように「彼が理不尽なことを言っているにもかかわらず、私の方が譲歩して、話し合いの場をセッティングしようとしている。それに対して彼が応じてくれない」ことに傷ついているわけですよね。

　これは産後からとのことですが、例えばワンオペでとっても大変だけれどわかってくれなかったことや、助けてくれなかった、寄り添ってくれなかったというような、過去の傷にリンクしているものもあるんだと思います。

佐藤　そうですね。

安東　これまで傷ついてきた過去もあるから、当時の感情も出てくるし「どうせこうなるでしょ」という未来も見えてくる。ただ、過去の傷の認識と理解してもらうことや、さらには、深い話し合いをする・しないというのも次のフェーズなんですね。

今、必要なことは「現時点であなたは話し合いができる状態ではないですよ」と教えてあげることです。

佐藤　はい。

安東　別れるって、衝動的にもできるんですが、衝動的に選択すると後悔もするかもしれませんよね。お互いのこと、子どものことを含めて、きちんと話し合いのもとに進めていくのは大切なことだと思うんです。その話し合いができる状態じゃない、ということを伝えることが大切です。

佐藤　私も言わないとダメってことですよね。

安東　感情は入れなくていいと思います。「ちょっと待って、話せる状態じゃないよね？」でいいんです。攻撃的になりすぎず、落ち込まず、「ちょっとおかしいよ、それ」

という感じで。

佐藤　一年間セックスを拒否したら、向こうに私を訴える権利が出るみたいなのをネットで見て、そうなのかなと思ったりしたんですけど……。

安東　セックスレスが離婚事由になるケースもありますが、そんなシンプルな話じゃないですよね。「一年間断られ続けたから、じゃあ離婚ですね」では一方的すぎだし、もっと背景があるわけですから。そんな判例があっても、現時点では気にする必要はないと思います。

それよりも「本当に離婚しましょう」と言われていると捉えるよりは、「それぐらい関係性がこじれちゃっているけど、どうするの？」と捉えた方がいいように思います。

佐藤　正直、〝それが嫁の務めだ〟といえばそうだな、と思う部分もあって。でもそれを嫌だと思わせた彼が悪いと思う気持ちもあるんです。

●まずは相手を理解しようという姿勢が第一歩

安東　夫婦関係を改善することが、すべてではないですからね。今はそこに時間とエネルギーをこれ以上かけられない、というのもひとつの選択だと思います。ただ、もし時間とエネルギーをかけられるなら、改善の余地は十分あるように感じています。

もし夫婦関係のことに取り組んでいこうとするならば、まず必要なのは〝彼を理解すること〟だと思います。

いろんな経緯があることはちょっと横に置いて、ご主人のストーリーで考えてみると、「仕事を一生懸命やっている。特段、遊んでいるわけでもない。子どものことにも参加している。なのに、どうして俺、こんなに嫌われなきゃいけないんだろう」だったりするのかもしれません。あるいは「こんなに俺を嫌っている人と一緒に暮らすのも、さすがにしんどいな」とか。

ご主人が離婚を言い出したのは「会話もない」「受け入れてもらえない」「なんか嫌われている」と感じているからでしょう。つまり、ご主人のアテンションはりえさんに向いているんだと思うんです。ご主人を理解したり、承認してあげることができると、「こんなひどい扱いをされていると思って落ち込んでいたけれど、ちょっと違うかもしれない」と思って沼から抜け出してくるかもしれないですよね。

佐藤　抜け出してくれるといいです。

安東　「いつまでも沼にハマってないで、そこから出てください」と手を差し伸べるイメージで。

もし夫婦での対話や再構築に取り組まれて、りえさんがリーダーシップを発揮しようとするなら、その状態にまず自分を整える必要はあります。

佐藤　なるほど。

安東　でもね、ここでは「今までこんなに頑張ってきたのに、さらにここからもうひと踏ん張りしなきゃいけないんですか」という気持ちになるのも自然なことです。

佐藤　あ、それ今思ってました。

安東　なので、やっぱり無理、という選択肢があってもまったく問題ないと思います。

●彼と対等になる〝肩書き〟で変わり始めた妻

佐藤　実は私、興味があった資格取得の学校に通い始めたんです。子どもが学校行っているわずかな時間で勉強したり、この年で知らない人に囲まれて授業を受けるのも大変なんですが、なんとなく彼と対等に向き合える〝肩書き〟みたいなものが持てたというか、ちょっと前向きになれるのかなぁと期待してたりして。

安東　それは、とてもいいと思いますね。

佐藤　彼、私のことを「何もしないくせに」と言うんですけど、昔はそんなこと言う人じゃなかったんです。まあ、結婚して10年で言わせてしまっている私も反省の部分があるんですけど。

安東　今回のことを見ていくと、ご主人は相当ダメージを負っているんだと思うんです。でもそれ、悪いことじゃないですよ。

佐藤　そうなんですか？

安東　ダメージが見えてきたということは、表向きの自分、つまり体裁を保てなくなっているということです。本来なら、妻であるりえさんには見せたくない、格好悪い姿を見せたわけでしょ？　それぐらいご主人の外側が崩れてきて、無防備になってきているということです。

「別れたい」「セックスに応じてくれないお前がおかしい」と言っていますが、表面的な表現を差し引いて、ご主人の気持ちだけ見ていくと「別れたいくらい」〝辛い、寂しい〟なんだと思います。

弱音を吐いているわけですから、「この人、とうとう本音を吐き始めたんだな」と思って見てあげられると、雰囲気が変わるかなと思います。

佐藤　なんか、彼がかわいそうだなあというのはあります。

安東　かわいそうというのは、りえさんの感情として何か他に言い換えるとどんな感情ですか？

佐藤　言葉遣いが悪いんですけど「ざまあみろ」というか（笑）。ある意味、喜んでいる私がいます。

安東　なるほど。

佐藤　「今、辛い」って言われても、「ごめん、私この10年間ずっとそんな感じだった。

それが今、あなたに来ている。ざまあみろ、ある意味嬉しい」ですね。

●「夫が苦しんでいることを喜んでいる」の裏にある心情

安東　お話を聞いていていると、佐藤さんご夫婦は改善するんだろうな、と思えます。

佐藤　本当ですか？　私、ざまあみろとか言っちゃってますけど。

安東　はい、言っちゃってますね。でも、もともとお二人とも、仕事と家庭、それぞれの場所で、それぞれ頑張っているように見えるので。「ここ頑張っているよね」というところがお互い理解し合えると、関係性は全然変わってくるんじゃないでしょうか。

でも、改善するんだろうな、と感じる一番の理由は、りえさんがご主人の弱音を愛しているように見えたからかな。「喜んでいる私がいます」という、この言葉だけを拾うと「夫が苦しんでいるのを喜んでいる」、ひどい言葉に聞こえるかもしれませんが、りえさんの気持ちを見ていくと「あなたにも、そんなところがあったの。よかった、ちゃんと泣けて、苦しめて。ロボットだと思っていたけど、人間でよかった」が隠されているように思えます。

佐藤　あ、確かにそんな感覚ありました！

安東　男性にとって、弱いところを一番見せたくないのは、妻です。妻の前では弱みを見せられないという縛りが、苦しめていることも多いです。だから、弱音を吐けたというのは第一段階として、良いこと。次に彼を理解して、自分も理解されて。こんな風に向き合っていけると、夫婦の関係性ってすごく変わってきます。

佐藤　なるほど。なんだかとてもスッキリしました。自分だけでは見えないことが、少し見えてきた気がします。

【解説③】境界線を引いて居場所を確保する

●自分を「主」として考えてみる

離婚したいと考える石田さん（CASE5）と、離婚届を突きつけられた佐藤さん（CASE6）。対極的な境遇ではありますがふたつの事例に共通するテーマが「境界線を引く」ということです。

日常的に多くの時間と空間を共有する夫婦にとって、価値観や考え方、趣味嗜好の「違い」は決して小さくないストレスとなります。だからこそ、対話を通してそれぞれが心地よく過ごせるように「歩み寄ったり」「すり合わせたり」といった取り組みが欠かせません。

ところが、時に私たちはそれぞれの「主張をぶつけ合うストレス」よりも自分の「主張を飲み込むストレス」の方を選択する場合があります。それは「ケンカになるのが嫌だから」や「議論するのも面倒だから」といったネガティブな摩擦を避けようとして起こったり、純粋に相手を大切にしたいというポジティブな気持ちからも起こります。

こうして、自分の主張は飲み込み、相手の主張に合わせることが常態化してくると、やがてパートナーの意見や考え方を「主」に、自分の意見や考え方を「従」に考えるクセがついてしまう場合があります。相手のことを「主」と捉えていると、その一挙手一投足に振り回されることにもなりかねません。

キレる夫にウンザリしている石田さんも、唐突に離婚を突きつけられてしまった佐藤さんも、相手の主張や考えをベースにどう応えていくかを考えるのではなく、まずは自分を「主」として考えてみることが大切。そのためには相手との間に境界線を引いて自分の場所を確保することが必要です。

● 夫婦は境界線が曖昧になりやすい

自分の意見を主張できるのも、相手の意見を尊重できるのも、自分と他者との間に健全な境界線が引けているからこそ。境界線が曖昧になると「Ｎｏと言えない」「アドバイスを受け入れられない」など、対人関係において様々な問題が生じやすくなります。ところが、夫婦というのはこの境界線がとても曖昧になりやすい関係性です。「夫婦なんだから」といった甘えや思い込み、そして期待があるからです。境界線が曖昧になると、相手の言いなりになりやすかったり、あるいは言いなりにさせようとしてしまいやすかったりもします。

すぐにキレられる、一方的に離婚を突きつけられる。そんな時には、まず安全だと感じられる自分の場所（心理的安全性）を確保することが重要で、二人の間に境界線を引くことがその第一歩になります。

●まずは自分、次に相手の順で考える

近頃では自己肯定感の重要性が広く認知され、「自分を大切にする」という考えが多くの人に届くようになりました。それはとても素晴らしいことですが、いっぽうで「自分を大切にすること」と「他者を大切にすること」とがまるで対立関係にあるような誤解が一部で生まれているようにも感じます。

夫婦関係に限ったことではありませんが、良好な人間関係を構築するためには「自分を大切にすること」と「相手を大切にすること」とを同じテーブルに載せておくことが重要です。もしそれが難しいと感じるようなら、まず自分を、次に相手を、の順に考えてみることをお勧めします。

COLUMN 02

夫婦カウンセリング

夫婦で取り組むか？ 別々で取り組むか？

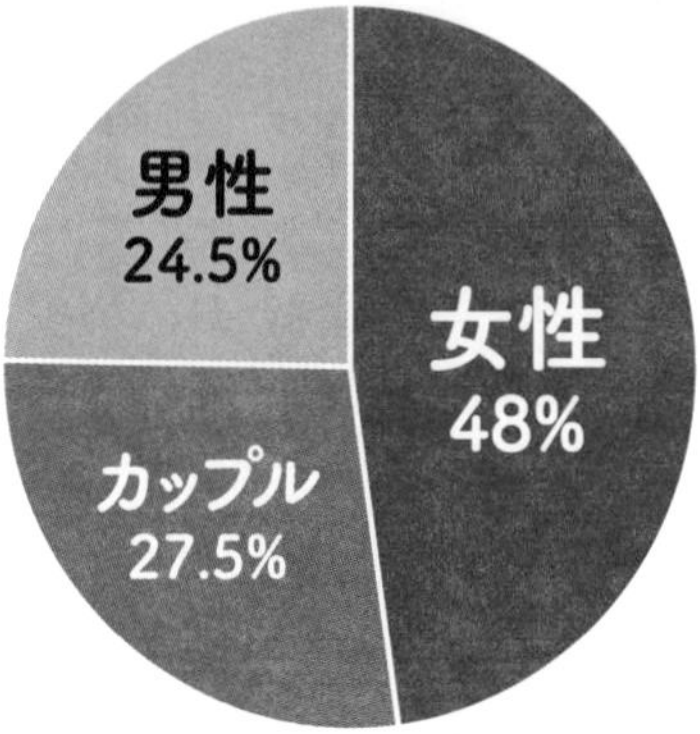

夫婦カウンセリングというと、ご夫婦で受けるもの、と思われるかもしれませんが、私達のカウンセリングルームへご夫婦でお越しになるのは全体のおおよそ3割です。
もっとも多いのが女性おひとりでのご来談（48%）ですが、男性単独でのご利用（24.5%）も年々増加傾向にあります。
夫婦で取り組まれた方が解決までの道のりが早いので、なるべくおふたりでお越しになることをお勧めしていますが、ご相談のテーマと状況により個別でのカウンセリングをご提案する場合もあります。
ご夫婦でのお取り組みがより有効なテーマとしては、

- **セックスに関するテーマ**
- **価値観の相違に関するテーマ**

個別でのお取り組みをおすすめするテーマは、

- **不倫や浮気（発覚から1か月未満）**
- **DVやモラハラに関するテーマ**　等が挙げられます。

第4章
それぞれのテーマと向き合う

夫婦リカバリーの作法　CASE 07

オンラインゲームに夢中になって借金までしている夫

相談内容

夫がオンラインゲームに課金をしていたことが発覚。同時に相当額のカードローンの存在も明らかになり、夫への信頼が揺らいでいる状態。

借金までしてオンラインゲームに興じる夫を理解できない。夫を信じられなくなくなり、不安で仕方がないという。

そこには、普段が真面目な人が陥りやすい心の背景がある。

相談者

坂上健一さん・和美さん（仮名）ご夫妻
夫はIT企業に務める38歳。
妻の和美さんは、30歳、看護師。
共働きで裕福な生活を楽しんでいる。子どもは、まだつくる予定がない。

●夫の借金で揺らぐ信頼

安東　健一さんのカードローンに関するご相談とのことですが、具体的にお話をお聞きしてもいいですか？

坂上和美さん（以下、敬称略）　はい、彼がゲームに課金をしていて、借金も相当あって。

坂上健一さん（以下、敬称略）　借金といってもカードローンなんですよ。毎月ちゃんと返済できているし、そこまで大きなことですか？

和美　いや、大きなことでしょ？　返せているからいいってことじゃないんですよ。黙ってお金を借りていて、しかもゲームにハマって。もう、信じられないですよね。子どもじゃないんだから。

健一　子どもはゲームで借金できないでしょ。

和美　はぁ……。こんな感じでもう全然反省していないんですよね。

安東　和美さんは、健一さんがオンラインゲームに課金していたことが信じられないし、そのためにカードローンでお金を借りていたことも理解できないのですね。

和美　はい。あと、黙っていたこともです。

安東　そして和美さんが問題だと感じていることに、健一さんがあまり向き合ってくれていないことにも、怒っていますよね？

和美　そうですね。

安東　健一さんの捉え方としてはどうでしょう？　何か違和感や気になるところはありますか？

健一　ないですけど、あえて言うなら、和美には迷惑かけていないでしょ、とは思いますね。

安東　お二人は、お財布は別なんですね？

健一　はい。それぞれが定額の生活費を毎月口座に入れて、あとは残った中でやりくりする感じですね。そんなに残っているわけじゃないですけど。

安東　カードローンは残ったお金から支払いしているということなんですよね？

健一　はい、そうです。

安東　和美さんは、今どんな感じがしていますか？

和美　やっぱりそうなんだなって。私が言っていることも全然わかっていないし、反省もしていないなと思いました。

安東　そう感じてしまいますよね。まず、問題の整理が必要だと思いますが、和美さんが今、問題だと感じているのは、健一さんが「黙ってお金を借りていたこと」「ゲームに課金していたこと」。

そして「そのことをあまり問題だと捉えていないこと」かと思いますが、合っていますか？

和美　はい、合っています。

安東　健一さんは、どうでしょう？　カードローンを借りたことやゲームに課金したことも含めて、自分が管理するお金の中でやりくりをしているから問題ないんじゃないか？　ということで合っていますか？

健一　まぁそうですね。怒るのはわかりますけど。

安東　和美さんが怒るのは理解できるんですね？

健一　そうですね。和美はゲームなんてしないし、ゲームに何十万も課金するなんて信じられないのはわかります。だから怒るのもしょうがないかなって思いますよ。

和美　あのね、怒っているのは課金していたことじゃないよ。自分のお金で遊んでいる分にはいいよ。でも借金してまでゲームしているというのが理解できないし、不安。

安東　そうですね、夫や妻がオンラインゲームに課金して、というご相談は増えてきているんですが、みなさん「どうしてゲームにそんなにお金をかけるのか理解できない」とおっしゃいます。

やらない側がそれを理解できないのは当然といえば当然で、でもこれがオンラインゲームではなくて他の趣味ならまた雰囲気が変わってくると思うんです。

例えばゴルフってとってもお金がかかる趣味だと思いますが、お金を借りてまでコースに出るってあまりないですよね。

もちろん、セットを揃えるのにカードを切るとかローンを組むということはあるかもしれませんが……。

でも、今回は手元の資金が不足するのに課金をしてしまっているというのが、和美さんを不安にさせるポイントだと思うんです。

●夫のゲーム課金と妻の不安

安東　ところで、健一さんがゲームに課金する時って、どんなシチュエーションなんですか？

健一　アイテムを手に入れるとかですかね。あと、もう少しでクリアできる時とか。

安東　それって、やらない側からみると、ちょっと普通ではない感覚のように見えるんですが、健一さんとしてはどうでしょう？

健一　それはそうだと思います。ゲームをやっている時はほとんど中毒になっているので。後から思えばやりすぎたかなって。ちょっと普通じゃなくなっていたなぁって思います。

安東　和美さんが持っている問題意識のひとつは、そこにあるのかなと思います。ゲームにハマって、自分ではコントロールできなくなっているのではないかという不安ですね。和美さんはどう思いますか？

和美　はい、確かにそれはあります。私、父親がアルコール依存で。だから、お酒もタバコもやらない人でよかったなってずっと思っていたんですけど、あぁ、こうきたかって。なんかずっと結婚に対して持っていた不安が、やっぱりきたか、みたいな。

安東　なるほど、そんな背景もあったんですね。

確かに、お父さんのことがあって、今回みたいな出来事が起こると、和美さんとしてはより一層、問題を大きく捉えてしまうことはあると思います。

そこは健一さんも理解しておいてあげられると良いですね。

健一　そうなんだ。

安東　それらも踏まえて、健一さん、和美さんは、このカウンセリングにどんなサポートを期待しますか？

和美　もうどうしていいかわからなくなっていて、この先、彼と一緒にいてもいいのかなぁとまで考えてしまってるので、少しでも不安な気持ちがなくなればいいなと思います。

健一　私としては、これまでなんでこんなに怒られなきゃいけないんだろうって思っていましたけど、そこは和美の生い立ちというか、お父さんのことを聞いて、少し腑《ふ》に落ちた感があるので、それはよかったかなと。

その上で、期待することとしては、改善というか、また楽しく過ごせるようになれたらいいなと思います。

安東　和美さんは不安な気持ちをどうにかしたい。健一さんは、関係改善に向けて取り組みたいということでいいでしょうか？

健一・和美　はい、大丈夫です。

●夫婦の課題とそれぞれのテーマ

安東　カウンセリングの進め方としては、まずはお互いの気持ちへの理解を深めておくことが優先かなと思います。そこがある程度進んだら、次に夫婦としての「あり方」について考えることをご提案したいと考えています。

健一　「あり方」、ですか？

安東　はい、「あり方」というのは、理想とする夫婦のカタチと言い替えてもいいかと思います。

例えば、何でも話せる夫婦のカタチもあれば、パーソナルなことには干渉し合わない夫婦のカタチもあると思うんです。

どちらがいいということではなく、どんな「あり方」を自分は望んでいるのかを知ることと、パートナーがどんな「あり方」を望んでいるかを理解しておくことが大事です。

健一　なるほど。

和美　確かに、大切なことは知っておきたいし、話してほしいと思います。でもあなたはそうは思ってないよね。

健一　うん、思ってない。

安東　これって、今回起こった出来事みたいに、「黙って借金作るなんて信じられない」って憤《いきどお》ったり、「なんでそこまで言われなきゃいけないの」という対立関係の中で顕在化してしまうことが多いのですが、ただ理想とするあり方が違うと思えば、そこまでネガティブには感じないのでは？　と思いますが、どうでしょうか？

和美　確かにそうかも。

健一　え、そうなの？

和美　もちろん、黙って借金するなんてありえないと思ってる。でも、あなたが言わなかったのが、そういうあり方の人なんだと思えば、仕方なかったのかなとはちょっと思うかも。あれ？　ちょっとわからなくなってきました。

安東　もちろん、夫婦としてのあり方が違っただけなんですよと言われて納得できてしまうほどシンプルなことではないと思います。

実際、同じことが自分に起こったとして、和美さんに共感する人の方が多いのではないかと思います。

あと、カウンセラー視点から見ても、信頼関係の構築を前提に考えれば、今後は見直す必要があると思います。

そして何より、和美さんから見れば、今、問題だと感じていることについて、きちんと向き合ってもらえないと今後も別の問題が起こった時にも、同じように向き合ってもらえないのではないかと不安になってしまいます。

不安を抱えた状態でポジティブにこれからのことを考えるのは難しいですから、今この問題にきちんと向き合っていくことが、これからお二人の関係をよりよくする上でとても重要なことだと思います。

●夫に重ねていた期待

安東　夫婦の問題には、コミュニケーションに関する領域、考え方や価値観に関する領域、そして感情に関する領域があると考えています。

それぞれが絡み合って問題を作っているケースがほとんどですが、感情の問題が強い場合はまず、感情から始めていくのが私たちのセオリーです。

健一　それはどうしてですか？

安東　健一さんは、感情といってもピンとこないかもしれませんね。男性には多い反応です。

健一　そうですね、どちらかというと価値観が違うのかなと思っていました。和美はなんでも話したくて、私は話さなくてもいいと思っていて。

和美　私もそうです。お互いに求めるあり方が違うと言われてしっくりきたのも、価値観が違うなら仕方なかったのかなと思ったからで。感情の問題というとどういうことかなってあまりしっくりこないです。

安東　「感情」と言われてもよくわからないですよね。和美さん「あなたがそういうあり方の人なら仕方ないかな」って言いましたよね。

和美　はい。

安東　でも、なんだかしっくりこない。モヤッとする。

和美　そうですね、頭ではわかったし、納得できるところはあるけどモヤッとはしますね。

安東　はい。そのモヤッとが感情ですね。モヤッとがあると、わかっていても行動できなかったり、行動しても気持ちがついてこなかったり。思うような結果がついてこないことが少なくありません。

納得がいかない時には、無理に納得しようとするより、そのモヤッとを大事にしてみましょう。

和美　はい、わかりました。

安東　まず、和美さん。健一さんが借金してまでゲームに課金をしていたこと、そしてそれを黙っていたこと。どれにモヤッとしますか？

和美　え、どれかって言われると……。全部、ですかね。

安東　では、借金してまで課金していたことはどんな風に感じますか？

和美　え、バカなの?!　って思います。

安東　それは、怒っているんですか？　それとも別の感情もありますか？

和美　怒っていますね。あと、呆れています。

安東　呆れているし、怒っていますね。怒りは感情のフタ、なんて言われたりします。怒りのフタを開けてみると、その下に何か感情が隠れているとしたら、それはどんな感情でしょうか？

和美　隠れた感情ですか……。難しいですね。

安東　そうですね。もしそこに何かあるとしたら？　と怒りの感情の下を覗いてみる感じです。

和美　うーん、怒っているし呆れていますけど、あぁやっぱりなって感じます。さっきも言いましたけど、私、父親がアルコール依存で。結婚相手は絶対にお酒もタバコも、もちろん浮気もしない人と思っていて。今回のことがあるまでは、本当に信頼していたんですよ。でも、やっぱりそうか、みたいな。

安東　「あぁ、やっぱりな」という言葉には怒りでも呆れでもない感情が乗っていたように思います。

和美　……そうですね、怒っているというより、なんか悔しいですよね。すごく信頼していたのに、裏切られたって感じます。それが悔しいですね。

健一　いや、裏切ってないし。

安東　そうですね、裏切ってはないのに、でも、そう感じてしまう。その背景には、和美さんが健一さんに寄せていた期待があるのかもしれません。

和美　期待ですか。そうですね、健一ならそうはならないって期待していたかもしれません。

安東　「そうは、ならない」ですか？　その「そう」は何を指しているか、和美さんはもう理解されたお顔ですね？

和美　父、ですか？

安東　そうでしょうね。「そうはならない」は、健一さんなら「お父さんみたいにはならない」と期待していたということだと思うんです。その期待が裏切られたって感じるから、とても悔しいし、腹も立ちます。でも、今はまたちょっと違う感情も出ていますね？

和美　……悲しいですね。

安東　はい、悲しいですね。

今回のことが、和美さんにとってショックだったのは、起こった出来事だけでなく、そのことで健一さんにかけていた期待まで裏切られてしまったと感じたからかもしれません。でも、裏切られたと言うにはまだ早いかもしれません。

和美　そうなんでしょうか？　彼に期待をかけていたというのはその通りだと思います。だから余計にショックだったと言われるのは納得感があります。でも、「裏切られたと言うのはまだ早い」というのは、正直わかりません。

安東　借金するほどゲームに課金してしまうというのは、確かに問題があると私も思います。もちろん、健一さんもいいとは思っていないはずです。

和美　そうなの？

健一　うん。やりすぎだったと思うし、もうやめたいとも思ってる。

安東　ゲームへの課金、場合によってはゲームそのものをどうするかは健一さんが向き合うテーマであって、和美さんが背負うものではないです。

もしこの先、また同じことがあったり、健一さんが自分のテーマと向き合うことをされないようなら、それは夫婦の問題として、和美さんも判断しないといけない時がくるかもしれません。

でも、それは今ではないと思います。

和美　わかりました。健一が自分の問題だと思って考えてくれるんだったら、そこは待ってみたいと思います。でも、だったらどうしてこれまで、そう言わなかったの？「俺は悪くない」みたいな言い方だったじゃない。

健一　それは和美がずっと怒っているからで。頭ごなしに責められてこっちも感情的になったというか……。

安東　そこは、健一さんにとっても「感情の問題」があったということでしょうね。頭ではまずいことをしてしまったと反省していても、責められたと感じると人はそれに抵抗したくなる場合があります。心の防衛反応みたいなものです。

和美　もう、ちょっといい加減にしてよ。悪いと思っているなら「ごめん」ってひと言、言えばこんな大事にならなかったのに！

安東　そうですね、でもそれが「感情の問題」なんです。わかっていてもできないし、うまくいかない。

和美　そうなんですね。やっと少しわかってきました。

●ゲームをやめられない、その背景とは？

安東　健一さんも、ゲームに課金するのはやめたいと考えていらっしゃるということで合っていますか？

健一　はい、合っています。でも、ゲームしちゃうと課金は止められない気がしています。なので今はゲームをしないようにしています。

安東　どれくらいゲームはしてないんですか？

健一　和美とケンカになって、それからなので1週間くらいですね。

安東　それは、完全にやめている？

健一　はい、やっていません。でもこれが続くとは全然思えないです。かなり我慢している感があります。

安東　そもそも、ゲームはいつから始められたんですか？

健一　子どもの頃からやっていますすね。プレステとか普通に。スマホでゲームを始めたのは、子どもが生まれてからです。夜中にミルクをあげる時とか、ちょっと時間があるじゃないですか。その時に暇潰しで始めて。

和美　そうなんです。子どもの世話をしながらゲームをしてたんですよ。それもずっと気になっていて。

安東　気になりますよね。でも、ここは聞きましょう。健一さん、続けてください。

健一　そんな感じでゲームをするようになって、はじめはもちろん課金しないようにしていたんです。アプリ内課金のないものを選んでいたし、ヤバそうなやつは選ばないようにしていて。

安東　気をつけていたということなんですよね？　それがどこから課金が始まったんですか？

健一　ゲームをするうちに、やっぱり勝ちたくなってくるというか、もうちょっとでいいとこまで行くとなった時には無料の上限を越えてやっちゃったり、強いアイテムが欲しくなったり。で、一度、課金しちゃうとハードルが下がるので、後はひたすら、課金、課金って感じで。

安東　そうなんですね。健一さんはゲームの他にハマっていることとか、趣味といえることはないんですか？

健一　それがないんですよね。

安東　お酒も、タバコもしないんですよね？

健一　はい。

安東　お仕事は、ＩＴ企業にお勤めなんですよね？　かなり多忙ですか？

健一　そうですね、仕事は多いですね。もともとデスクワークですけどコロナでリモートになって、移動がなくなったので、ほとんど休憩なく作業かミーティングをしていますね。

安東　息を抜く暇もない？

健一　ないですね。

安東　ゲームに限ったことではないのですが、やめたくてもやめられないというか、何かに依存的になってしまう時って、それが必要だから起こっていると考えられます。健一さんにとってゲームを必要とする理由があるとしたら、それはどんな理由だと思いますか？

健一　理由ですか、これまでも考えたことがあるんですが、やっぱり息抜きというか、現実逃避なんですかね。

安東　現実逃避、ですね。心に負担がかかると、やっぱり誰だって苦しいわけです。そんな時には心のバランスを取ることが必要になります。もし、ゲームが現実逃避というか、心のバランスを保つ上で役立っていたとしたら、ただゲームをやめればいいということにはなりません。

健一　確かに。ゲームをしなくなってから、すごくイライラするというか、なんか落ち着かない感じがしていたんですよね。仕事にも集中できないというか。これって禁断症状みたいなものですか？

安東　アルコールや薬物とは違うので、禁断症状とはいえないんですが、心の欲求というか不足を埋め合わせようとする心理としては近い感覚になるのかもしれません。

健一　どうすればいいでしょう？

安東　まず、ゲームに代わる置き換えを見つけるといいと思います。

健一　置き換えですか、でも想像ができません。

安東　そうですよね、依存的な心理状態にあるときには、「それがないとダメ」「それじゃないとダメ」という思考にハマりやすくなります。

でも実際のところ、「それじゃないとダメ」なんてことはまずないので、何に置き換えるかを決めることが大事です。

とはいえ、すぐには見つからないと思うので、これはぜひ和美さんと一緒に探してみることをお勧めします。

健一　一緒にですか？　それは難しいんじゃないでしょうか。

安東　ケンカになりそうですか？

健一　はい、うまくいくイメージが湧きません。

安東　和美さんは？

和美　私もうまくいくイメージはないです。でもやってみたいと思います。私は彼の依存的なところが怖くて。そのうちギャンブルとか、それこそ浮気とか、もっと嫌なものに依存していくんじゃないかって不安だったんです。

置き換えるっていう発想がなかったのでやってみないとわかりませんが、ぜひ試してみたいと思います。

健一　でも、置き換え先が見つかったとして、今度はそっちにハマりすぎてしまわないですか？

安東　はい、なのでご夫婦で、ハマっても大丈夫なもの、リスクのないものを探しましょうね。

健一　そういうことか。わかりました。

安東　あと、「これしかない」という思い込みがハマりすぎを作るので、できれば複数の置き換えが見つかるといいですね。

●依存してしまう心の背景にあるもの

安東　置き換えを見つけることはぜひ、取り組んでください。あと、もうひとつ提案があるのですが、ハマってしまう心理構造を作り変えられると安心です。

健一　はい。

安東　先ほど、現実逃避からゲームにハマってとおっしゃっていました。だとすれば、健一さんは普段から気持ちのゆとりがない生活をされているように見えます。

健一　ゆとり、ですか？　どうだろう、あんまり自覚ないです。

安東　仕事であっても、家事や育児であっても適度な休息がないと心は疲れてしまいます。リモートワークで隙間なく仕事をしつつ、家事、育児もこなして、という環境は、仕事とプライベートの境目がつきにくく、やはり負担が大きいと思います。もちろん、これは和美さんも同じですが。

和美　はい、それはわかります。もちろん私も疲れていますけど、シフトのある仕事で在宅もないので、境目はある方だと思うんです。でも夫はいつも仕事のことを考えている印象ですね。だからいつゲームする暇があったんだろうって思っていました。

安東　健一さん、どう思いますか？

健一　いつゲームする暇があったかですか？

安東　あ、それも聞きたいんですが、仕事とオフの境目というか、切り替えについてもです。

健一　そうですね、ゲームは仕事中のランチと夜ですね。基本子どもの寝かしつけがあるときはその後、妻が寝かしつけしてくれている時は食後から仕事をしているんですが、そこはマイペースに仕事もできるので、息抜きにゲームしたり。あとは全部終わって寝る前ですね。

安東　オンとオフの切り替えについては？

健一　あんまりないんですよね。ずっとそうやってきましたし、特段問題とも思っていなかったですね。
ただ、子どもと遊んでいる時も気になることがあって考えちゃうことがあるので、そこはちょっとまずいなと思ったことはあります。

安東　お子さんといる時にゲームはしないんですか？

健一　あ、さすがにそれはまずいって思っているので、ないですね。

安東　和美さん、何か違和感ありますか？

和美　いえ、それはそうだと思います。だから私もまさかそんなにゲームしているなんて知りませんでした。

安東　なるほど。健一さんはとても責任感が強い方ですね。

健一　そうですか？　普通だと思いますが、ありがとうございます。

安東　あと、なぜかはわかりませんが、休むのが苦手な人みたいです。

健一　それは自覚があります。

安東　どうして休むのが苦手なんですか？

健一　それは割と理由がはっきりしていて、以前勤めていた会社は周りに優秀な人が多かったんですよね。
それで必死にやらないとついていけなかったんですが、その時、仲の良かった先輩が「自分には能力がないから時間でカバーする」と言っていて、私から見れば十分に優秀な人なんですが、この人でもそうなら自分なんてもっとやらなきゃダメだと思ったんです。
それからは、労働時間では誰にも負けないようにしていますね。

安東　そうだったんですね。そうやって評価もされてきました？

健一　そうですね。同期と比べると早くにリーダーになったし、良い条件で転職もできたので評価されていると思います。

安東　それでは余計に休めなくなってしまいますね。

健一　……。

安東　お酒でも、ギャンブルでも、何かに依存的にハマりやすい人って、責任感が強くて真面目な人が多いように思います。
強すぎる責任感からプレッシャーを背負いやすいし、負担に感じてもそれを下ろすのが苦手で身動きが取れなくなってしまったりもします。

　そんな風に、苦しい中で日々の生活を維持しようとすれば、一時的にでも気分が晴れるものにのめり込んでしまうのも無理はないかもしれません。

健一　……。

安東　ゲームをやめるにしても、その置き換え先を見つけておかないと、いずれプレッシャーに押し潰されてしまうかもしれません。あとは、そもそものプレッシャーを手放しておくことも大切かなと思います。

和美　それはどうやるんですか？

安東　まず、仕事への向き合い方を見直すのがひとつ。次に、自分に休むことを許すことです。

健一　休むことを許すって難しいですね。

安東　そうですね、そうやってずっと頑張ってきましたからね。まず、休むを自分に許可するためには、「誰よりも長く働く」と決めた自分を説得する必要があります。

健一　説得ですか？

安東　はい、説得です。やってみましょう。

　まず、誰よりも長く働くと決めた自分を思い浮かべてください。

紙を用意するので、この紙に、これまで努力してきたことで身についたこと、獲得できたものを書き出してみましょう。

健一　書けばいいんですね？

安東　はい、どんなことでもいいので書いてください。

●頑張ってきた自分を承認する

安東　できました？　どんなことが書かれていますか？

健一　そうですね、まず、

・忍耐力がついた

・評価される自分になった

・仕事のスキルが身についた

・良い条件で転職ができた

・自信がついた

こんなところですね。

安東　いいですね。では、そこに書いてあることについてですが、今、健一さんが休息を取って、失われるものってありますか？

忍耐力はなくなりますか？

休むと評価されませんか？

身についたスキルは失われますか？

今の会社に居られなくなりますか？

健一　いえ、身についたものはなくならないし、少し休んだくらいで会社にいられなくなることもありません。

安東　では、休むと自分に自信を持てなくなりますか？

健一　正直に言っていいですか？　それはよくわからないです。実際、休んでみないとわからないかもしれません。

安東　これまで休まずに頑張ることで身につけてきた自信ですからね、じゃあ、ひとつ角度を変えた質問をしてもいいですか？

健一　はい。

安東　もし、最初の会社でよくしてくれたあの先輩に会ったとして、今の健一さんのことを、先輩はどう評価してくれると思いますか？
「何だお前、まだまだだなぁ」って、言いますか？
「よくやってるよ」と言ってくれるでしょうか？
健一 実は、ちょうど先月久しぶりに先輩と飲みにいったんですよ。
安東 え、そうなんですか？　ちょっと驚きました。
健一 それで、特に仕事のことを詳しく話したわけではないんですけど、結構評価してくれて。「まあまあやってるな」くらいは言ってくれるかもしれませんね。
安東 そうだったんですね。
健一 改めて話してみて、無理しすぎていたのかなって思いました。
安東 和美さんとの関係を重視するなら、和美さんが不安に感じていることを理解して、将来的なリスクを回避する必要があります。
そのためには課金してしまうほどゲームにハマらないよう、安全な置き換え先を見つけることが大切だと思っています。
これはぜひ、二人で見つけてください。
次に、依存的になりやすい傾向があることを理解して、そうならないようプレッシャーを抱え込まないように気をつけておくことが大切。

これは健一さんが意識するところです。そのためにも、今日の自分に承認を与えてあげることがとても大事です。

もし自分で自分を承認することが難しいと感じたら、先輩のように健一さん以外で健一さんを承認してくれる人の言葉を借りてみるのもひとつです。

もちろんそれは和美さんでも大丈夫です。

健一　わかりました。やってみます。

安東　和美さんは、今回のことで健一さんに裏切られたように感じたからこそ、悲しかったし、ネガティブな考えにもなってしまいました。

和美　はい。

安東　今はどうでしょう？　健一さんの背景にあるものも聞いてみて、何か気持ちや考えに変化はありますか？

和美　あります。これまでは全然理解できないと思っていましたけど、こうして彼のプレッシャーとか休めないとか、そんな話を聞くと、少しわかったような気がします。

安東　大切なのはここからです。健一さんは和美さんを傷つけないようにぜひご自身のテーマに取り組んで見てください。

健一　はい。わかりました。

安東　和美さんは、健一さんの取り組みを応援しつつ、悲しかったけど、裏切られたと感じた出来事はもう過ぎたことと確認しておきましょう。

和美　はい。わかりました。

安東　ひとまず、今日はここまでにしますが、「夫婦のあり方」については、改めて話をする機会があると良いと思っています。

和美　はい、話してみたいです。

安東　まずは今日のテーマをそれぞれお持ち帰りいただいて、それぞれ取り組みをしてみてください。

【解説④】夫婦のあり方を見つめ直す

●夫婦の問題とそれぞれのテーマ

第1章では、夫婦の間で起こる問題を「コミュニケーション」「考え方と価値観」「感情」の3つに分類して考えると整理しやすいというお話をしました。また、第3章ではパートナーとの間に境界線を引いて、「まずは自分の居場所を確保する」ということをお伝えしました。

夫婦関係を改善するためには、問題となっていることを正しく理解するとともに、責任の所在を明確にすることが大切です。すると、夫婦の問題の下に隠れたそれぞれのテーマに気づく場合があります。

夫のカードローンをきっかけに信頼が揺らいだ坂上さん夫妻の妻・和美さんでした（CASE7）が強く気持ちが揺さぶられる背景を見つめていくと、そこには父親への感情とそれに由来する夫への失望がありました。

また、夫・健一さんが借金の原因であるオンラインゲームにハマってしまった背景には、休まらない気持ちと強すぎる責任感がありました。

夫婦間の問題を改善するためには、ふたりの間で起こっている出来事だけでなく、それぞれのテーマに向き合うことも時には必要な場合があります。

●両親との間にある未消化な気持ち

夫婦関係に持ち込まれやすい個人のテーマとして、両親との関わり方があります。

誰にとっても両親はもっとも近い「夫婦」です。幼少期から身近に感じてきた夫婦としての両親の関係性は意識的にも無意識的にも「夫婦関係」の原型になりやすく、自身の結婚観や夫婦観に影響を与えます。

和美さんのケースでは、アルコール依存であった父親への感情から、お酒を飲まない、タバコやギャンブルもしないことが夫に求めるものとしてセットされていました。

そのこと自体はまったく問題ではないのですが、父親に対して抱いていたネガティブな感情が未処理のままだと、時にその感情が夫への感情に合わさって、必要以上にハレーションを引き起こしてしまう場合があります。

●自己肯定感と夫婦の関係

どんな自分も受け入れられること。様々な場面で語られることが増えた自己肯定感もまた、夫婦関係に影響しやすい個人のテーマのひとつです。

ありのままの自分を受け入れられていればいるほど、パートナーのネガティブな要素にも寛容になりやすく、自己肯定感が傷ついていればいるほどパートナーへの視線も厳しくなりがちです。自己肯定感を高めておくことは、良好な夫婦関係を育む上でも重要な要素です。

また、自己肯定感が低いと周りからの評価を過度に気にしすぎてしまったり、評価されるために頑張りすぎてしまう場合があります。

その結果、仕事の比重が重くなることで家族との時間が減ったり、仕事のプレッシャーから休日も気持ちのゆとりがなくなってしまったり、少しずつ夫婦関係に歪みを生み出してしまうケースもあるため注意が必要です。

坂上さん夫妻のケースでは、健一さんの自己肯定感について見立てをつけるにはもう少し様子を見る必要はありますが、働き方や仕事にかける責任感からゲームに息抜きを求めるに至った流れが見えました。

●自分が求めている夫婦のあり方を知る

夫婦としての関わり方やちょうどいい距離感など、誰にでも自分にとって心地がいい「夫婦のあり方」というのがあります。

この「あり方」もまた、夫婦関係に影響する個人のテーマといえます。

なぜ夫婦ではなく、個人のテーマなのかというと、私たちがパートナーに感じている不満や期待外れの多くは、知らず知らずのうちにパートナーに重ねていた私たち自身の「あり方」によるところが大きいと考えるからです。

まず自分が求めている「夫婦のあり方」を知ること。次に、パートナーが求めている「夫婦のあり方」を理解すること。そこから夫婦としての価値観をすり合わせたり、作り出したりする取り組みが始まるのだと思っています。

COLUMN 03

夫婦カウンセリング

何回ぐらい通うのか？

初回のオンラインカウンセリングを除いたご来談回数は、平均で3.5回。回数別でもっとも多いのが3回（41.2％）、次いで4回（20.6％）、6回以上・2回（11.5％）、5回（8.2％）と続いています。ご相談テーマにもよりますが、3回から4回でひと区切りがつくケースが多いようです。

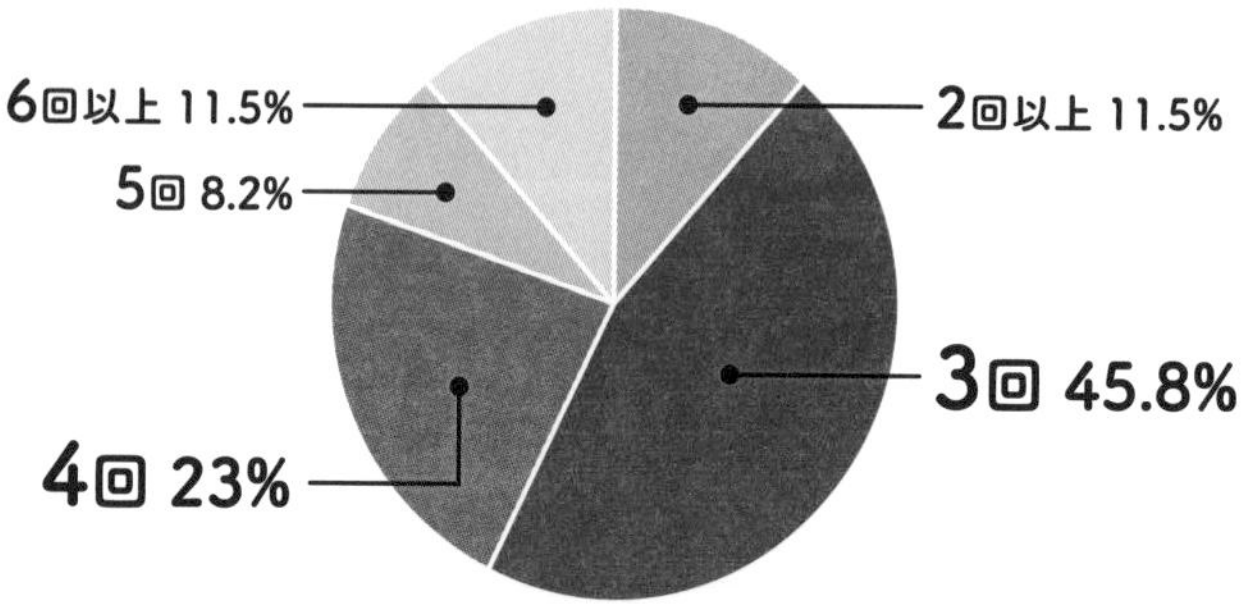
6回以上 11.5%
2回以上 11.5%
5回 8.2%
3回 45.8%
4回 23%

どのコースが選ばれているのか？

おおよそ7割の方がご来談によるカウンセリングをご利用されています。

いっぽう、オンラインカウンセリングの需要はコロナ禍で急増しており、今後さらに広がることが予想されます。

コース時間別では、

- **面談カウンセリング90分（35%）**
- **面談カウンセリング120分（33%）**
- **オンラインカウンセリング45分（25%）**
- **オンラインカウンセリング90分（7%）**

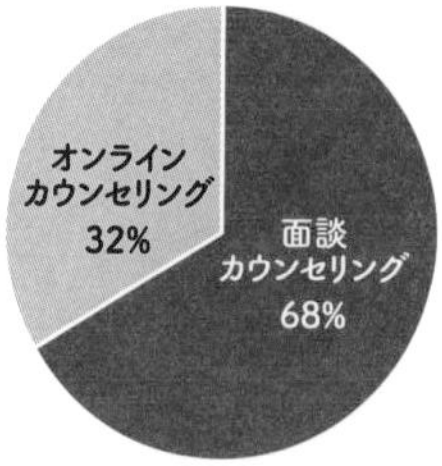
オンライン
カウンセリング
32%
面談
カウンセリング
68%

となっており、ご夫婦での面談カウンセリングでは120分を選ばれる方が多く、ご来談と平行してご利用されるケースが多いオンラインカウンセリングでは45分のご利用が主流となっています。

第5章

不倫の痛みを癒す

不倫をしていた夫に勧められ、カウンセリングに

相談内容

ご主人の長年の不倫が発覚。ご主人は相手の方とはすでに別れており、全面降伏しているが、奥様の心の傷が癒えていない。今でもあまり眠れず、食欲もない状態が続いている。「このままでは妻が病気になるのでは」と心配した夫が妻とともにカウンセリングに。

相談者

小野直樹さん・葵さんご夫婦（仮名）
夫は43歳の経営者。妻は38歳で専業主婦。
12歳の長男と5歳の息子の4人家族。

●不倫の痛みがケアされていない妻

安東　ご相談は直樹さんの不倫、ということですがこのことについて、これまでどの程度お話をされていますか？

小野直樹さん（以下、敬称略）　そうですね、かなり話をしていると思います。妻が不倫に気づいたのが3か月ほど前で、それからはほぼ毎日何かしらの話はしてますね。

安東　毎日ですか？　それはどんなことをお話されてきたんですか？

直樹　はじめの頃は、どうしてそうなったか、とか、どんな相手なのか、とか。妻に問いただされる感じで。もちろん僕が悪いんで仕方ないんですが、何度も同じ話をしてましたね。

小野葵さん（以下、敬称略）　それはあなたが、はじめから全部話さないからじゃない！

直樹　そうだね、でもさ正直細かいことは覚えてなかったからさ、いちいちひとつひとつ聞かれても答えられないことがあっただけでさ。

葵　そうやって自分は悪くないって話し方するでしょ？　覚えてなかったんじゃなくて言いたくなかったからじゃない。何度も同じ話って言うけど、全然違うからね！

安東　はい、少し整理させてくださいね。不倫のことを葵さんが知ることになって、そこから直樹さんは事実関係を全部お話しされたわけじゃない、ってことでしょうか？

直樹　話しましたよ。でも、さっきも言いましたが細かいところまで全部覚えてたわけじゃないんで、どこで何をしてたかを正確に話せたわけじゃありません。それを妻は隠してたみたいに言うんですが、それはちょっと違いますよね。

安東　なるほど。ということは、いくつかの出来事は葵さんが聞き出すことでオープンになってきた、ということで間違いありませんか？

直樹　そうですね、そうなります。

安東　葵さんの認識も同じですか？

葵　はい、大丈夫だと思います。でも、今でも本当に全部話しているかはわかりませんし、信じることもできません。

直樹　そう、いつもこうなんです。もう全部話してるからって言っても信じない。どうしたらいいかわからなくて困ってしまいます。

安東　そうですよね。直樹さんはきっと全部お話しされているんだと思うので、信じてもらえないと困惑してしまいますよね。でも、葵さんが信じられないのも無理はないかもしれません。相手の心はわかりようがないですから。まして不倫のように傷つく出来事があるとなおのことです。信じようとしても心がそれを拒みます。

直樹　それはどうしてですか？

安東　怖いからではないでしょうか。信じて、それがもし嘘だったり真実と違ったらまた傷ついてしまいます。信じられないのは疑っているから、というより、信じることができる状態にまで心が回復していない、ということなのかもしれません。

直樹　そうなの？

葵　……。

安東　言うまでもなく、パートナーの不倫はそれ自体がとっても苦しいことです。でも、それと同じくらい苦しいのが直樹さんのことを以前のように信じることができないこととかもしれません。本当は信じたいと思うから、信じられない自分を責めてしまったりもしますよね。

●無理に信じなくてもいい

葵 そうなんです……。今、彼が嘘をついてるとは思わないんです。でも、これまでつかれてきた嘘とか、されてきたことを思うと、信じちゃいけないんじゃないかって気持ちになります。でも、信じないと修復できないのかなとも。もうわからなくなってしまって。

安東 信じられないという時には、無理に信じようとしなくていいんじゃないでしょうか。

葵 でもそれじゃ、うまくいかないんじゃないですか？

安東 そうですね、夫婦関係を修復していく上では、この先ずっと信じられないというのは問題になるかもしれません。でも、今はまだ信じられなくてもいいと思います。信じられない気持ちを横に置いて、信じようとするより信じられる自分に戻ることが大切だと思います。

葵　信じられる自分に戻る、ですか？

安東　はい、信じられないのは傷ついているから、と言いました。それはピンときますか？

葵　はい。不倫が発覚してからしばらくは食べられなくなりましたし、体重も減ってしまいました。今でもあまり眠れないし、眠れないと悪いことばかり考えて不安になるからまた彼を責めてしまいます。

安東　まずは傷ついた心をケアする必要があると思います。これからのことを考えたり、話し合ったり、信頼関係を再構築するのはそれからでも大丈夫です。

直樹　私もそう思うんです。早く立ち直ってもらいたいです。

葵　またそんなこと。私だってこんな気持でずっといたいわけじゃないんだから。

安東　そうですね。直樹さんの立場からすると、早く関係を改善したいですよね。でも、ここは葵さんのペースに沿って進めていくことが大事です。だから「早く」というのはNGです。あと、「立ち直ってもらいたい」もどこか他人事に聞こえてしまうので避けた方がいいですね。

直樹　そうなんですか?!

安東　はい。心が傷ついている、というとわかりにくいかもしれませんが、身体に置き換えてみるとわかりやすいかもしれません。たとえば、足を骨折してしまっている状態、と考えてみてください。そんな時に「早く走れるようになって」とはあまり言わないんじゃないでしょうか？　「まずは傷を治して、それからリハビリもして。ゆっくり焦らずにね」となりませんか？

直樹　確かに。でも、不倫がわかってから3か月も経ちますし、もう不倫関係も解消しているわけですし。それでも早くって思ってはダメですか？

安東　はい。なぜなら、心の傷は身体の傷と違って、時間が経てば回復して、痛みも薄れるとは限らないからです。よくお話をすることですが、感情に時間軸はありません。それが3か月前に起こった出来事であっても、思い出して辛かったり悲しかったりするのは「今」なんです。そこにある痛みは時間が経っても変わらないか、むしろ強くなることもあるんです。

葵　そうなんだよ。あなたは、終わったことをいつまでも引きずらないでって思うかもしれないけど、引きずってるんじゃなくて終わってないの。

●その後の対応で拡がる不倫の傷

安東　不倫の関係は終わっても、それによって生じた心の傷はまだ癒えていない、ということなんです。まずはこの傷をケアしていきましょう。

直樹　でもどうやって傷をケアするんですか？

安東　いろんな方法があるんですが、カウンセリングでは、傷ついたと感じたあの日、あの頃にさかのぼって、その記憶の中にいる自分との対話を通してケアをしていきます。葵さんはこの3か月の中でいつ頃がいちばん辛かったと感じていますか？

葵　ずっと辛いんですが、発覚してからしばらく経ってからですね。

安東　それはどんな時期だったんですか？

葵　不倫を見つけてすぐは、ショックはショックだったんですが、ああやっぱりな、って感じが強かったです。それから彼を問いただして、最初は何もないって言ったんです。でも諦めたのか少しづつ話してくれて。聞けば聞くほど、思ってたよりひどいっていうか。この人は本当に私のことも家族のこともなんにも考えないで、ただ楽しくやってたんだなって思ったんですよね。

直樹　それはちょっと違うんだけどね……。

葵　違わないでしょ⁉　そう、こんな感じで、はじめは謝ってたのに、だんだんイライラし始めて逆ギレして。不倫されたのはもちろん嫌だし傷ついたんですが、ああ、発覚してもまだ自分を守ろうとするんだ、って感じた時がいちばん辛かったっていうか、悲しかったですね。

安東　もちろん直樹さんは反省してるし、後悔もしてると思うんです。傷つけてしまったことに。でも、不倫の傷はその事実だけじゃなく、その後の対応でも広がってしまうことがあります。だからこそ、今、どんなスタンスを取るか、もとても大切です。

直樹　スタンス、ですか？

安東　はい。先ほど「立ち直ってもらいたい」は他人事に聞こえますね、って言いました。それがスタンスの問題です。

葵　そうなの！

安東　「立ち直ってもらいたい」というのは、問題は傷ついている妻にあって、僕じゃない、と伝わってしまうリスクがあります。もちろん、そんな風に考えてはいらっしゃらないと思うんですが、当事者の立ち位置には入っていない感じがします。当事者の立ち位置に立てば、傷ついている葵さんに対して、「僕はどうすればいいんでしょう」となるのではないでしょうか。

直樹　確かにそうです。

安東　心の傷は目には見えません。だから傷ついている側も、それを見つめる側もどうしたらいいかわからなくなってしまいやすいのだと思います。そんな時には、身体の傷だとしたら、という視点で見直してみましょう。

直樹　はい。身体の傷だとしたら、足が折れてるとしたら、僕にできることは肩を貸すこと？　支えることでしょうか？

安東　それもいいですね。寄り添うとか、共感するとか、心のことだと思うとあまりピンとこないかもしれませんが、肩を貸す、身体を支える、という身体感覚に置き換えてみると、それがどんなことかつかみやすくなります。

直樹　確かに、少しわかる気がします。

安東　葵さんも同じです。傷ついた心をケアするには、一番辛かったあの頃の自分自身に、葵さんが寄り添う感覚を持って接してあげることが大切です。「傷ついた私」

を頭の中でイメージしてみるとつかみやすいかもしれません。

葵　はい、イメージできます。私、あの頃よくキッチンで泣いてたんです。ご飯を作ってると、なんだかとっても辛くなってきて、でも子どもの前では泣けないから。キッチンに隠れて泣いてたんです。

安東　そうだったんですね。では、あの日、キッチンに隠れて、ひとりで頑張っている葵さんに、今日の葵さんは、どんな風に言葉をかけてあげたいですか？

葵　大丈夫？　って聞いてあげたいです。誰にも相談できなくって、ずっと一人で抱えてたんで。大丈夫、って声をかけて、話を聞いてあげたいです。

安東　大丈夫、って声をかけると、彼女はどんな反応をしますか？

葵　大丈夫って言います。でも、全然大丈夫じゃないんです。だから、無理しなくていいよ、って言ってあげたいです。それから、怒っていいんだよ、って言います。逆ギレされたくなくて、言いたいことの半分も言えてなかったんです。

安東　そうやって声をかけて、「あの日の私」が言えなかったことを聞いてあげて、気持ちにも寄り添ってあげるんです。どんな感じがしますか？

葵　不思議ですね、自分のことなのに、誰かに助けてもらってる感覚がします。気持ちも少し楽になったようにも思います。

安東　心をケアする、ってこんな風に進めます。自分で自分を労《いたわ》る方法ですが、イメージしづらい場合は、傷ついているのがもし「親友」だったら、と考えてみると良いかもしれません。

葵　自分を労る、ですね。わかりました、やってみます。

直樹　僕には何ができるんでしょうか？

安東　直樹さんはまず、葵さんのペースに合わせることを大事にしましょう。焦ることなく、一緒に歩んでいく、という感覚を持っておくことが大切だと思います。起こしてしまった出来事に罪悪感があるほど、早くこの問題から逃れたい、という心理が働きやすくなります。すると、つい「何度も蒸し返さないで」とか、「前向きに未来を見ていこう」みたいな発言やスタンスが生まれてしまいます。

直樹　なっていました。

安東　前を向いてこれからのことを考えることが大切な時期はまだ少し先、今は過去の痛みをケアするタイミングなんだと思いますよ。

葵　ありがとうございます、そう言っていただいてすごく気持ちが楽になりました。

修復したいって思ってるのに、どうして責めちゃうんだろう、どうして前向きになれないんだろうって、ずっと思ってましたけど、今はそれでいいんですね。

安東　心が傷ついている時には前を向いて考えることが難しいのも自然なことです。そんな時にはまず、ケアに専念しましょう。

【解説⑤】深い溝として残り続ける問題

●「時間が解決しない」難しいテーマもある

ひとことに「不倫」と言っても、そこには様々なケースがあり、様々な悩みや葛藤が生まれます。
「この状況をなんとか越えられるか。越えるためにできることはやってみたい」と考えられる日もあれば、「もう無理」と絶望してしまう日もあるのではないでしょうか。

また、時間が経てば自然と問題が解決する、ということがあまりないのもこのテーマの難しさです。発覚した直らんがい後はもちろんですが、時間が経過する毎に辛さが増してくる、というケースも少なくありません。

フラッシュバック※1を繰り返し経験する方もいますし、そのたびにパートナ

※1 強いトラウマ体験があった後に、その記憶が鮮明に思い出される現象

ーを責めてしまって、自分がどんどん嫌な人間になっていると感じてしまうこともあるかもしれません。

発覚直後だけでなく、年月を経てもなお、夫婦の間に深い溝として残り続けるのが「不倫」の問題と言えます。

●まずは「問題意識のズレ」を考える

多くの場合、不倫をした側は、パートナーは「不倫をしたという事実に怒っている」と考えます。

そのため、ひたすら謝ったり、不倫相手との関係は解消したと言ったり、携帯を見せたり、GPSを付けたり、それが解決策になると思い込んでしまいます。

いっぽう、不倫をされた側は「不倫をしたという事実」だけではなく、「不倫によって傷ついた気持ちのケアがされないこと」に憤りを感じていることも少なくありません。

その場合、謝られることではなく、まずは自分の気持ちに目を向けてもらうこと、理解してもらうこと、ケアしてもらうことが求められます。

「もう謝った、できることはした」と思う、不倫した側。「どれだけ辛いか気持ちに気づいてもらえていない。共感してもらえない」と思う、された側。

この、問題意識のズレが、関係修復に向けた道のりをより険しくします。

●次に「現在地のズレ」について考える

浮気や不倫では、傷つけてしまった側にも後悔や後ろめたさがあるものです。

だからこそ話題を避けたり、早く終わったことにしてしまいたくもなるのですが、ここは痛みを抱えている側のペースに合わせることが必要です。

不倫をされた側が「なんとかこの関係性を変えたい」「どうやって許してい

けばいいのかわからない」と悩み、いろんな人のブログを見たり調べたり、自分にできることに取り組んでいる。

そんな時に不倫をした側が、もはや二人の問題ではなく、許せないあなたの問題と捉えていたら、努力をしている側から見れば「無関心」のように思えてしまいます。

まずは、夫婦ともに過去の感情も含め、現在進行形の問題なんだと理解しておくこと、そして「問題意識のズレ」に加えて、「現在地のズレ」についても共通認識を持っておくことが大切です。

小野さんのケースはまさに、問題意識のズレと現在地のズレが関係修復を妨げている事例でしたが、このような場合にはズレを修正することが修復への第一歩になります。

また「不倫をした・された」から、「謝罪する側・許す側」という対立構造が生まれてしまっているケースもあります。次に2つの事例をご紹介します。

事例①

過去の過《あやま》ちを責められ続けることに疲れた夫

■浮気の事実が重くのしかかる

中島勇人さん・佳乃さんご夫婦（仮名）は結婚2年目のカップル。そろそろ子どもを、と考え始めた矢先に1年前の勇人さんの浮気が発覚しました。当初は離婚も考えた佳乃さんでしたが、ちょうどそのタイミングで妊娠していることがわかり、関係修復を目指すことに。

それでも浮気の事実は重くのしかかり、佳乃さんは勇人さんに感情をぶつけてしまうこともたびたび。「なぜ、浮気をしたのか」「本当に反省しているのか」と問いただされることが続いた勇人さんは「悪いのは自分、でも変えられない過去のことで責められるのは辛い」とカウンセリングに。

■対立ではなく対話や行動で関係性を構築

何度謝っても許してもらえず、ネガティブな感情をたびたびぶつけられることが続くと、不倫をした側にも「反論しなきゃ、訂正しなきゃ」と、攻撃的な反応が生まれる場合があります。責められたと感じる時に防御姿勢で反応してしまうのは自然なことではありますが、ここはより意識的にパートナーの傷ついた気持ちに寄り添うことが必要です。

いっぽう、不倫をされた側から見れば「許さないこと」で反省を促したり、再発を防ぎたいと考えるのも無理はありませんが、対立関係は良好でサスティナブルな関係を築く上でプラスにはならないものです。

対立関係で決着をつけるのではなく、対話や行動を通して夫婦の新しい関係性を構築しようというマインドになれば、「具体的に何をしたらいいのか」にも目を向けやすくなります。

次に、問題となっていることを「過去」「現在」「未来」の時間軸に分けて捉え直していきます。

すると、「過去……終わっているが完了できていない問題」「未来……不安は残るがまだ始まっていない問題」「現在…今、目の前で起こっている問題」に分類できます。

「許せない」「思い出すと何度もフラッシュバックが起こる」など、終わっているが完了できていない問題にはまず、傷ついた心をケアすることが必要です。

「また同じことが起こるのではないか」「以前のような関係に戻ることができるか不安」など、未来に残る問題には、良好な「今」を積み重ねていくことが必要です。

では「今、目の前で起こっている問題」とは何か？　それは「問題と感じることに向き合わない」「痛みに寄り添わない」「人格を否定するような言葉で傷つける」等が挙げられるでしょう。

具体的に何をしたらいいかを考えるなら、まず「今、新しい傷をつけないこと、傷つかないこと」を念頭に置いておくことが重要です。

■不倫をされた側の心のケア

傷ついた心をケアすることは、終わった問題をひと区切り、昇華させる上で重要です。

不倫をされた側は、多くの場合、大きな精神的ショックを受けた後に、気分の落ち込み、怒りの爆発と、気持ちの乱降下へ移ります。それはとても消耗することですが、実は大切なプロセスでもあります。

逆に「怒って当然のことが怒れていない」「落ち込んで当然なのに無感情」の場合は、自分の感情とまだ繋がれていないことが考えられます。

それは大きな感情の波から心を守る無意識の防衛システムでもありますが、「感じられることのなかった感情」は蓄積され、いずれ暴発してしまう場合があります。

また悲しい出来事をきちんと悲しんだり、怒っていることを抑圧せずに感じておくことは心のバランスを取り戻すうえで必要なプロセスでもあります。

波のように自然と押し寄せては消えていく感情ならば、その流れに乗って感じてみること。抑えていた感情や切り離してきた感情なら、少し勇気を出して感じてみようとすることが重要です。

怒りも悲しみも虚しさや後悔も、感じる感情はどの感情もすべて自分のもので、自分でケアすることができる、という感覚を併せて持っておくことも大切です。

■自己肯定感が下がる不倫された側

不倫は、夫婦関係の破綻を招くだけでなく、された側の自己肯定感をも傷つけてしまう場合があります。

パートナーが不貞行為に走ったのは「自分が魅力的ではなかったからだ」と自信を失くしたり、相手を責めてしまうことで自己嫌悪に陥ったり。怒りや憎しみといったネガティブな感情を抱えていると「こんな自分が愛されるはずがない」とネガティブな考えにもハマりやすくなります。

継続的な関係を育むためには、まず傷ついた自己肯定感を回復させておくことが大切です。

「あなたが私を傷つけたんだから、あなたが私を回復させて」と相手にケアを委ねたくなるものですが、「自分で作った器《うつわ》の分しか、相手は愛情を注げない」ものです。

「私はこれだけ愛されるのにふさわしい」という大きな器であれば、相手がそこに愛情を注ぎ貯金のように蓄えられていきます。いっぽう、自己肯定感が傷ついてヒビの入った器ではどんなに注がれても愛情は満たされません。

傷ついた自己肯定感を修復するためには、何よりも自分を労わり、丁寧に扱ってあげることが大事です。

自分の機嫌を自分でとることから少しずつ始めて、自分の魅力を改めて見直していくことが大切。好きな映画を観たり、エステやマッサージを受けたり。心と身体が喜ぶことを取り入れていくことも効果があります。

自分を労る方法がわからないという場合には、それがもし「親友」のケースだったら？　と考えてみることでヒントが見つかるかもしれません。

夫婦関係に大きなダメージを与え、された側には長期にわたって痛みを残す不倫。ただ、不倫をしてしまった側にも大きな後悔とともに痛手となっている場合もあります。次の事例でご紹介します。

事例②

夫の痛みに寄り添うことを決めた妻

■罪悪感に苛《さいな》まれる夫

田中和世さん・早紀さんご夫婦（仮名）は入籍したばかりの新婚カップル。大学時代のサークルの飲み会で再会した元カレと関係を持ってしまった早紀さんは罪悪感から不貞を告白。

ショックから感情的に早紀さんを責めてしまった和也さんはそんな自分に嫌悪感を覚え塞ぎ込んでしまうばかり。後悔と罪悪感に苛《さいな》まれる早紀さんは、二人だけでは見えない解決の糸口を探ってカウンセリングに。

不倫によってパートナーを傷つけてしまった後悔は、してしまった側にとっても小さくはない痛みとして心にダメージを残す場合があります。きちんと反省をすることは大切ですが、罪悪感や後ろめたさは人と人とを遠ざける感情ですから、「ごめんなさい」ばかりでは良好な関係を構築することは難しくなってしまいます。

■不倫をした側ができること

傷つけてしまった相手と向き合うことはとても難しいことです。この問題から逃れたい、早く終わらせたい、という心理が働くことで、された側の痛みに寄り添わず、どこか他人事のように見える態度をとってしまうこともあるかもしれません。

それでも夫婦関係の修復を目指すなら、その傷の痛みを越えるぐらいの深い関わりがないと、解決できないところがあります。

関係修復のために不倫をした側ができることとしては、まずその痛みに向き合うことで、早紀さんのケースのように不倫をした側が当事者意識を持ってその痛みと向き合うことは、良好な「今」を重ねていく上で重要です。

いっぽう、不倫という過去の失敗を悔い続けているだけでは「今」が苦しく先が見えない状況に心が折れてしまうこともあるでしょう。

傷ついたパートナーの痛みに寄り添うためにも、後悔や罪悪感という感情は手放しておくことも必要。

してしまったことに開き直るのではなく、きちんと胸に刻みつつ、後ろめたさや失敗感という自分の痛みに逃げないことが大切です。

その上で、相手の不安な気持ちに寄り添うことはもちろんですが、

・スケジュールを共有する
・クレジットカードの明細を開示する
・お財布をひとつにする

など、不安を解消するための行動を能動的に行うことでひとつひとつ信頼を重ねていくことが大切です。

これからのことは、今決められなくてもいい

不倫が発覚した直後に「さあ、どうするか決めましょう」という言葉ほど辛いものはありません。

決められるようになるまで、まずは回復をすることが大切です。そしていろいろ取り組んではいるけれど、まだどうするか決められないという時には「できることまでやる」で十分。

痛みをケアすることで問題をきちんと終わらせる。
新しい傷を作らず、良好な今を重ねる。

そうすることで自然とこれからのことを考えられる、決められるようになれる日が来ることを待ってみてもいいのではないかと思います。

第6章

セックスレスの裏に隠された問題の本質

10年間、セックスレスで完全に心が折れた妻

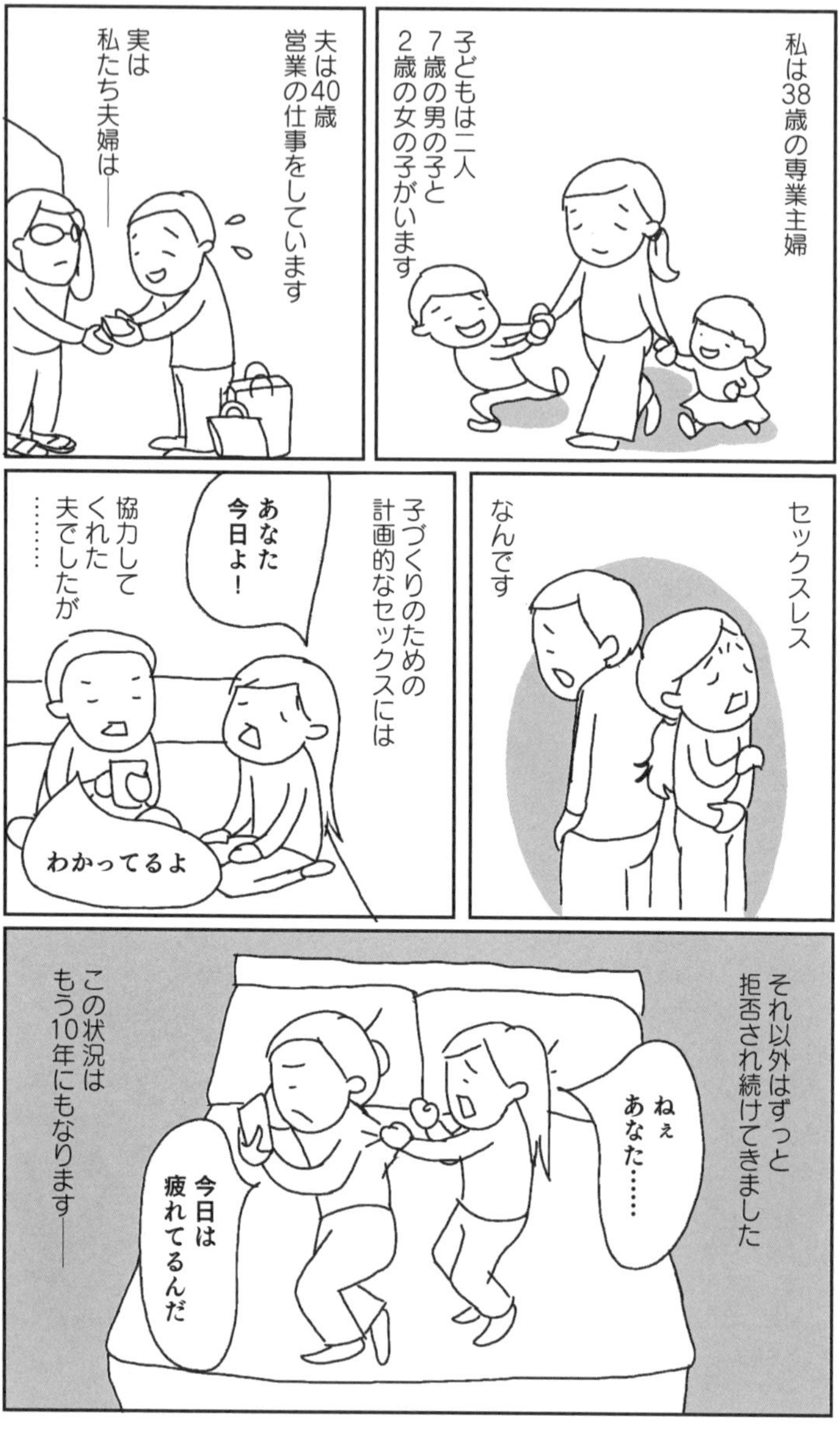
私は38歳の専業主婦
子どもは二人
7歳の男の子と
2歳の女の子がいます
夫は40歳
営業の仕事をしています
実は
私たち夫婦は——
セックスレス
なんです
子づくりのための
計画的なセックスには
あなた
今日よ！
わかってるよ
協力して
くれた
夫でしたが
……
それ以外はずっと
拒否され続けてきました
ねぇ
あなた……
今日は
疲れてるんだ
この状況は
もう10年にもなります——

子どもたちと楽しく過ごす夫を見ていると
何も言えず……
心が折れた私はしばらく夫に要求をしませんでした
夫は私の誕生日に高価なネックレスをプレゼントしてくれたこともありますが
私の心は晴れませんでした
そんなある日の夜――
ねぇ こっちにきたら?
イヤよ
違うのよ そうじゃないの
何言ってるの?
じゃあどうして機嫌が悪いの?
ネックレス気に入らなかった?
あからさまに機嫌を取ろうとする夫
この人は 今さら何を言ってるの? 本当に何もわかっていない…… こんな夫婦の状態で甘えられるわけがない
Life Design Labo
もう夫婦関係は諦めていました ただ 誰かに話を聞いてほしくて 私はカウンセリングを受ける決意をしたのです

夫婦リカバリーの作法　CASE 09

10年間、セックスを拒否され続け心の折れた妻

相談内容

子づくりのための計画的なセックス以外は、夫に10年間セックスを拒否されてきた妻。さらに育児や家事へ参加を呼びかけるも無視され続けてきた。

問題意識を提示してきたが常に曖昧にされ、セックスレスに関してはもう諦めているような状況。

離婚した方がいいのかどうかで揺れているという。

相談者

長野久朗さん・真希さん（仮名）ご夫婦
夫は40歳で営業職、妻は38歳で専業主婦。
7歳と2歳の子どもを持つ4人家族。

●妻の態度が冷たくなり急に問題意識を持ち始めた夫

安東　10年間拒否されてきたということですが、今問題に感じていらっしゃるのはレスに関してですか？

長野真希さん（以下、敬称略）　いえ、今は別れた方がいいか考えています。レスについては、もういいというか、10年間ずっと伝えてきて、でもほとんど無視で。今はもう好きでもなんでもないんで。

安東　そうなんですね、ずっと伝えてきて、でも久朗さんは取り合ってくれなかった？

真希　取り合ってくれないというか……「無視」ですね。聞いているのか、聞いていないのかわからないというか、その話になると空気みたいにスーッていなくなっちゃうんですよ。それで初めは、あれどうしたのかなって感じだったんですが、子どもは欲しかったみたいで、そこは妙に協力的で。でも二人目が生まれてからはもういいやって感じで。だんだん、そうか避けられているんだって気がついたんです。

長野久朗さん（以下、敬称略）　いや、避けているわけじゃないよ。それに無視していたっていうのもちょっと違うじゃない。話は聞いていたし、こうして相談にも来ているし。

真希　聞いていた？　あれで？

安東　久朗さんは真希さんの意見に、ちょっと違和感があるんですね？　話は聞いていたし、無視はしてない、と。でも真希さんは、無視されていた、と感じる？

久朗　はい。聞いていたつもりです。

真希　「聞いていた」といえば、そうかもね。でも「聞き流していた」じゃない、ずっと。離婚を持ち出されて焦っているだけでしょ？　先生、この人、体裁が大事なんです。だから離婚したくなくて。

久朗　またそんな風にいうけど、体裁が大事なわけじゃないから。子どもたちのためにもそんなに簡単に離婚なんてできないだろ？

真希　そんなに簡単？　私がそんなに簡単に離婚って言ってると思ってる？　そうよね、あなたからみたら何が問題かもわからないでしょうね？　だから私の話も聞かなかったのよね。

安東　お二人とも、まず整理しましょう。このカウンセリングでクリアにしたいことや、必要なサポートはありますか？

久朗　二人だけではいつもこんな感じで話が進まないので、第三者に入ってもらって前向きな話ができればと思います。

真希　私も同じです。でも、修復したいかというとわかりません。離婚でもいいかなって思っています。

安東　そうなんですね。真希さん、お子さんもいらして、でも離婚を考えていらっしゃる、というのは相当悩まれたと思うんですが、久朗さんにはそれが理解されてないと感じてますね？

真希　はい。

安東　久朗さんはどう思いますか？

久朗　理解できてないですかね？　妻からはずっとセックスレスだって言われてて、それは確かにそうだし、申し訳ないなって思ってますけど、でも浮気とかそういうのはないし、正直それで離婚っていうのはないいんじゃないかって思っています。

真希　レスは離婚理由になるのよ。もうどうでもいいけど。

安東　はい、セックスレスは離婚事由になりますね。でも、今はそれが問題ではないってことですよね。これは久朗さんはピンときますか？

久朗　何が問題かですか？　セックスレスじゃないんですか？

●夫婦の問題はタイムラインで考える

安東　もちろん、セックスレスも問題なんですが、でも今はそれだけじゃない、ということです。夫婦の間で起こる問題はタイムライン（時系列）に並べてみると理解しやすいんですが、セックスレスは10年来の課題。お二人にとっては古い方のテーマになると思います。

でも、直近のテーマは、真希さんは「離婚するかどうか」、久朗さんにとっては「どうすれば夫婦仲を改善できるか」になるのかな、と思います。

久朗　はい、それはわかります。

安東　「セックスレス」と「離婚または改善」と、このふたつのテーマを分けて考えます。

久朗　分けて、というのは別々の問題にするということですか？

安東　もちろん、関連はしているんですが、ここでは別の問題として進めたいということです。なぜかというと、「過去」において「セックスレス」は真希さんが「離婚」を考えるに至った重要なテーマではあるものの、「現在」においては、「セックスレス」の解消が夫婦仲を改善するための有効な解決策にはならないからです。

久朗　それは理解しています。セックスレスを解消することがここでの目的じゃないってことですよね。

安東　その通りです。では、真希さんが離婚を考えるほどの理由はどこにあると？

久朗　離婚の理由、ですか？　セックスレスじゃなくて、ですよね……。

真希　そんなことも分かってないんですよ。先生、やっぱりもう無理です私！　この人、私の態度が冷たくなってきて、やっとまずいなって思ったんです。私は諦めたっていうか、もうどうでもよくなっただけなんですが、何も言わなくなったら、今度はことあるごとに迫ってきたりして。

「君はセックスがしたいんでしょ、セックスをしないから機嫌が悪いんだよね」って言われてるみたいでもう、ふざけんなって話ですよ。私はさんざん言ってきたのに、いまさらなんなのって思います。こんな状態でセックスなんてできるわけないし、今はもう顔も見たくないくらいですよ。

安東　「セックスレス」が問題なら、それをどう解消するか？　が取り組むべきテーマになるはずですが、それはもはや「過去」のものになっています。では、「現在」の問題はというと、離婚という言葉が出る程、おふたりの夫婦関係がこじれてしまっている、ということなんだと思います。では、真希さんが離婚を考えるほどの理由はどこにあるか？

それは10年来続く、久朗さんの「関心の低さ」なのではないかと思いますが、真希さんいかがでしょう？

真希　はい、そうです。言語化するとその通りです。これまでうまく言えてなかったことに今、気づきました。

安東　まだセックスレスが問題だった頃から、離婚という話題が出るようになった現在まで、真希さんはご自身が訴えている辛さや苦しさを、久朗さんには受け止めてもらえてない、と感じていたのではないかと思います。一番の味方であるはずの夫に痛みを訴えても取り合ってもらえないとしたら、それは寂しく、辛い、孤独な時間だったろうと思います。

真希　本当に、そうなんです。下の子が生まれたばかりの頃、体調が悪くてどうしてもご飯作れなくて、それで夫に具合が悪いから早く帰ってきてほしいって、LINEしたら「了解」って。ご飯遅くなるけどごめんねって、上の子に言ったら「ママ、大丈夫？　お熱？」って聞いてくれたんですよ。その時思ったんです、レスとかワンオペとかをいっぱい伝えてきて、言いすぎて嫌になっちゃったかな、忙しいのに負担になっていたかなって思ってたけど、違うんだ。「この人は私のことどうでもいいんだな」って。その時はじめて離婚を考えました。

●痛みを理解されなかった痛みに気づく

安東　もし今、久朗さんが夫婦の関係を本気で改善したいと考えていらっしゃるなら、まずはこれまで真希さんが抱えてきた「痛み」を理解する必要があります。ひとつは「セックスを拒否され続けてきた痛み」、そして「痛みを理解されなかった痛み」です。

久朗　痛みを理解する、ですか。やり方はわかりませんが、話はわかりました。

安東　心の「痛み」は、身体の傷のように痛む部位を見ることができません。だからやり方がわからないのも無理はありません。でも心の痛みも身体の痛みと同じように、手を当て、さすり、温めることで癒やすことができます。

久朗　心の痛みに手を当てる、ですか？　ますますわからなくなりました。

安東　手を当てるには、まず傷の存在に気づく必要があります。そのためには「関心を寄せて見つめる」ことが重要です。心の痛みを知るためにも、その痛みに関心を寄せて見つめることが欠かせません。真希さんはもう一度、この10年抱えてきた痛みについて、お話されることはできそうですか？

真希　正直に言うと、もうしんどいんです。思い出すのも、やっぱり苦しい（泣）。

安東　そうですよね。ちょっとここまで来るのに時間がかかりすぎてしまいました。かかった時間の分だけ、気持ちに負担になっているんだと思います。それでも、どうしたいか、もう一度話をして、久朗さんに真希さんを理解するチャンスをあげるのか、それともこのままいくか。

久朗さんは今、どんな気持ちですか？

久朗　ちょっとまだ混乱していて、きちんと自分が理解できているのか不安なんですが、真希の痛みを理解することが必要なのはわかりました。真希が話してくれるなら、聞きたいと思います。

安東　久朗さん、ここからどうされるかは真希さんの選択になります。真希さんの考えを聞く前に、お伝えしたいのは、真希さんにとってこの10年は相当に重いということです。だからこそ、話すには心に大きな負担がかかります。もし、真希さんが話をしないと決めても、それはムリもないことだと理解してください。

久朗　わかりました。

安東　真希さん、話してみる選択も、話さない選択も、どちらを選ばれてもここでは真希さんの選択を尊重します。もし今日は話さない選択をされたなら、よかったら別の機会に真希さんだけのお時間を取って、気持ちを軽くするためのサポートができればと思っています。

真希　ありがとうございます。わかりました、話してみようと思います。やっぱり辛いんですが、話さないと自分が救われない気がするので。あと、なんとなくですが、今の夫には話してみようと思えました。

安東　はい、私も今の久朗さんなら大丈夫なんじゃないかと思いますよ。

【解説⑥】セックスレスの「痛み」

●具体的すぎて見誤ってしまう痛み

セックスレスはそこに至るまでも、それが問題となってからも様々な「痛み」を内包しているテーマといえます。「痛み」にはケアが必要ですが、長野さんご夫婦のようにレスそのものの「痛み」はもはや問題ではなくなっているケースも少なくありません。

セックスという行為そのものがクローズアップされすぎて、かえって問題の本質がわかりづらくなっている場合があります。

長野さんご夫婦のようにセックスレスに起因する痛みは峠を越えて、すでに別の痛みに置き換わってしまっているのに、行為にばかり意識が向かうと、ケアすべき痛みを見誤ってしまいます。

●向き合ってもらえない辛さ

何度も訴えているのに取り合ってくれなかったり、「そんなにセックスしたいの？」と本質とは違ったところであしらわれたり。セックスレスの悩みは、時に自分自身を受け入れてもらえていない、大切に扱ってもらえていない感覚にまで繋がる場合があります。

それはセックスが心の繋がりを満たすものでもあるからなのですが、行為としてのセックスに囚われてしまうと、この痛みに気づきにくくなってしまいます。心の繋がりというと、女性が求めるもののように思われるかもしれませんが、そんなことはありません。

次にご紹介する事例は、長くスキンシップを避けられ辛くなってしまった男性からのご相談です。

事例①

スキンシップを頑《かたく》なに拒否され、愛情を感じられない夫

■どうしてこんなに嫌われているのか？

松田亮さん・カナさん（仮名）ご夫婦の夫の亮さんは弁護士で、妻のカナさんは専業主婦。13歳の長男、10歳の長女と4人暮らしです。

カナさんからスキンシップを拒否され、長年悩んできた亮さんからの相談。亮さんはカナさんに避けられていると感じ、愛情をまったく感じられない。どうしてこんなに嫌われているのかわからず途方に暮れている状態でした。

カナさんはというと、スキンシップを拒否しているわけではないがスキを見せるとすぐその気になってしまうのが嫌で距離を置いてしまうようで、セックスについては元来積極的ではないが子どもが生まれてからは正直それどころではない

と感じているとのこと。

■セックスに求めるものは夫婦でも違う

性的な刺激だけでなく、セックスは様々なものを満たし、埋めてくれます。繋がりや安心感、求められている充足感や、受け入れられることで生まれる自信など、そこに求めるものは夫婦でも違います。

松田さんご夫婦の夫、亮さんはセックスを拒否されてきたことで自信を失くし、本当に愛されているのかわからなくなってしまっていました。

自信の喪失は仕事にも影響するようになり将来の不安にも繋がっていたと言います。

いっぽう妻のカナさんは育児も家事もほぼワンオペでこなす毎日の中でとてもじゃないけれどセックスをしたい気持ちにはなれませんでしたが、もし子どもたちが寝た後に夫婦の時間が持てるなら、一緒に映画を観たり、ワインを飲んでゆっくりしたいと考えていました。

夫婦の時間にはセックスには繋がらない軽めのスキンシップも含まれていましたが、時々チャンスがあっても彼がすぐに誘ってきてせっかくの時間が台無しになることに辟易としていたそうです。

■セックスに求めていたものを抽出してみる

行為としてのセックスにフォーカスしすぎると、求めるものが曖昧になってしまう場合があります。

松田さんご夫婦の場合、亮さんはセックスに親密感を求めていることがわかりました。親密感は愛されている感覚と密接な関係にあるのでそれが感じられないと愛情を感じ取りにくいということがわかりました。

そこでお二人にはセックスはいったん横に置いて、スキンシップを増やすことを課題に取り組んでもらうことにしました。

亮さんがセックスに求めるものの何割かはスキンシップが満たしてくれましたし、

カナさんにとってはセックスを期待されないよういつも気にしていた緊張が解けて良い時間が増えたそうです。

セックスに求めていたものを抽出して、そちらを先に満たしていくことで心の有り様が変わることもあれば、セックスしたい気持ちを妨げる要因を取り除くことで気持ちが前向きになったケースもあります。

次のケースの家事に追われて気持ちにゆとりがないカナさんの場合がそれです。

事例②

キッチンが片づかないとセックスできない妻

■セックスが遠のいていることに危機感

川島友樹さん・裕子さん（仮名）夫婦は、3歳の息子と3人暮らしです。デザイナーの夫・友樹さんとwebクリエイターの妻・裕子さんはともに在宅ワークでこの3年は常に顔を合わせて生活してきました。

友樹さんは長男の出産後、セックスが遠のいていることに危機感を募らせてきましたが、裕子さんは多忙な日々の中でなかなか気持ちが前向きにならないことに悩んでいるとのことでした。

そんな川島さんご夫婦のカウンセリングで、裕子さんが口にした「キッチンも片づいていないのにそんな気分になれるはずない」発言が友樹さんには理解できず、困惑された様子でした。

■タスクが終わらないとモードが切り替わらない

言うまでもないことかもしれませんが、性的な刺激はセックスにおいてとても重要な要素のひとつです。いっぽう、日常生活を共有する夫婦にとって「それ」は、最も日常から遠いものとも言えるのかもしれません。

キッチンが片づかないからそんな気持ちになれない、なんてセックスと家事にどんな関係性があるのか男性が困惑するのも無理はありませんが、日々のタスクが終わらないと日常モードが切り替わらない、と考えれば理解しやすいのではないでしょうか。

■切り替えスイッチを用意する

会えばそんな雰囲気になる。恋愛期のカップルなら、特段意識する必要がないことも、生活が基盤にある夫婦にとってはそうはいきません。流れに任せていても「そんな気分」は自然とはやってこない、と理解をして対策を考えておくことが大切。

川島さんご夫婦には、裕子さんのコメントをきっかけに日常タスクの洗い出しと分担について話し合ってもらいました。また日常モードを切り替えるスイッチについても考える時間を取り、タスクが完了した後に夫婦で過ごす時間をどう作るかと併せて検討しました。

■思考をオフにする

セックスは、身体的かつ情緒的な活動です。いっぽう、私たちが一日を通して活性化させているのは「思考的」活動。日常モードを切り替えるスイッチについて考えるなら、この思考的活動をオフにすることがヒントになるはずです。

例えば、軽めの運動やマッサージなどの身体的な活動、映画や音楽などの情緒的な活動から自分たちに合うものが見つけられるといいと思います。

いずれの場合も、それは単にモードを切り替えるスイッチであってすぐセックスに繋がるとは限らない、ということは認識しておく必要があります。

日常生活が基盤にある夫婦にとって恋愛期のカップルのように自然な流れの中でセックスが始まるというのは期待できないことなのかもしれません。

そういった意味で、夫婦のセックスは恋愛期のそれとは違う、と認識をアップデートしておく必要もあるのではないでしょうか。

このアップデートがうまくできていないと、時に自分やパートナーを傷つけてしまう場合があるから注意が必要です。

事例 ③

誘われないのは自分に魅力がないからと悩む妻

■セックスに対する感覚のズレ

佐々木和哉さん・彩乃さん（仮名）ご夫婦は、結婚2年目。自他ともに認める仲が良い夫婦です。ただ、妻の綾乃さんは交際時と比べてセックスの頻度が少なくなっていること、また夫の和哉さんから誘われなくなったことで悩んでいました。

カウンセリングでそれぞれの認識にズレがあったことが判明し、それぞれがセックスに抱いていたものについても理解が深まることに。

■夫婦仲が良いからセックスがあるとは限らない

夫婦の関係性が良くない時にセックスが少なくなるのは当然かもしれませんが、夫婦仲が良いからといってお互いが望む頻度でセックスがあるとは限りません。

仲が良いのにセックスがない、というのは悩みを抱える側にとってはとても苦しい状況でしょう。佐々木さんご夫婦の妻・綾乃さんは、優しく気遣いもある和哉さんがセックスに関しては消極的なのは、自分に女性としての魅力がないからだと考えていました。でも、仲が良いからこそセックスに至らない、というケースが実は少なくありません。

■仲が良いならセックスはいらないと考える人もいる

セックスに求めるものは人それぞれ違う、ということはすでに書きました。そこに心の繋がりや安心感を求める人もいれば、刺激や高揚感を求める人もいます。綾乃さんはセックスに親密感や心の繋がりを求めていましたが、和哉さんにとってそれは日常的なコミュニケーションによって十分満たされるものでした。いっぽう、和哉さんの中でセックスは性的な刺激そのもので、それを妻に向けることに違和感を抱いていたこともわかりました。

■セックスをアップデートする

セックスと性的衝動との結びつきが強すぎる場合、それを妻に向けることに抵抗を感じる男性は少なくないように思います。セックスレスの問題が産後顕著になることのひとつには、このことが隠れているのかもしれません。また恋愛期には刺激や高揚感を、結婚後は安心感や親密感をというように二人の関係性によって求めるものが変わることも考えられます。それが夫婦で二人分あるわけですから、行き違いが生じるのも無理はないと理解し、お互いの求めるものを共有し、またアップデートしておくことが重要です。

ひと言でセックスレスといっても様々な背景と要因が重なっていることがほとんどです。ここでご紹介できたものはほんの一例ですが、自分を理解しパートナーを理解すること、そして違いがあればそれを否定するのではなくさらに理解してみようと歩み寄ってみることが大切なのは、他の問題と共通しています。

おわりに

「夫婦の問題と向き合う」ということは、とても怖いことかもしれません。

本音を話すと、もう後戻りできないかもしれない。

本音を聞くと、許せないかもしれない。

「分かって欲しい」とは思うけれど、「何が分かって欲しいんだっけ？」と実際に話そうとする度、迷宮入りしてしまいそうになることも少なくないのかもしれません。

それが、もう何年も脇に置いたり、胸の奥に押し込めてきたことであれば尚のことです。

もっと助けて欲しかった。もっと分かって欲しかった。

もっと触れ合いたかった。もっと尊重して欲しかった。

これまで話してこなかった夫婦が、横においてきた問題について話し始めると、表に出てこなかった気持ちが溢れてきたり、見ないようにしてきた違和感や価値観の違いにも直面させられるかもしれません。

それでも、このままの関係でこの先も続く人生を歩みたくない、そう思う時には、ぜひもう一度「夫婦」に向き合う選択をおすすめします。その結果、離婚という選択肢にたどり着いたとしても、これまで積み上げてきた経験と時間を昇華させる一助になるのではないでしょうか。

目標を決め、〝夫婦円満〟という旗を立てて、そこに一直線に向かうような道筋はありませんが、封印して、我慢して、なかったことにして、ごまかして、そうやって問題を遠ざけて歩いて行くには、人生の道程は長すぎると思うのです。

お互いがそれぞれの人生に深く関わっているのが夫婦です。それ故に、夫婦関係に関する選択は自身はもちろん、パートナーや家族の人生にも少なくない影響を与えます。だからこそ選択するのが怖いし、向き合うことに躊躇してしまうのも自然なことだと思うのです。

「夫婦の問題と向き合う」は実は「パートナーと向き合う」ことです。あなたが怖いとき、きっとパートナーも同じく怖いのです。怖いから心を閉ざし、怖いから腹を立て、怖いから否定的な態度をとっているのかもしれません。

もしもそうならば、あなたが勇気を持って向き合うことで、その勇気がパートナーを動かす力になるかもしれません。

最後に、今回の企画のためにご自身の悩みや痛みを「誰かの役に立つなら」と開示してくださったご相談者のみなさまへ、そしていつも勇気を持って問題と向き合い、その姿を通して向き合い方を示してくれているクライエントのみなさんへ、心から感謝をお伝えさせてください。

また、この企画を立案いただいたシンクロナス編集部のみなさん、私にとってすでに日常となっていたカウンセリングのアプローチに可能性を見出し、より多くのご夫婦へ届くよう熱意を持って関わっていただいたことに感謝しています。

そして、カウンセラーであることが私の天職であり、人生のミッションだと気づかせてくれた妻へ。子ども達との騒がしくも賑やかな日々も、自分と向き合う内的探求も、そのひとつひとつを共有できることに心からの感謝を伝えたいと思います。堅実でありながら創造的なカウンセリングスタイルにもいつも刺激を受け、尊敬しています。

こうして夫婦カウンセリングという個人的な体験を、書籍という形で表現するプロジェクトが完成しました。本書がみなさまの勇気とともに、手に取っていただいた方々にとっても「夫婦」と向き合うきっかけとなればこれほど嬉しいことはありません。

2023年7月

安東秀海

安東秀海《あんどうひでみ》

夫婦カウンセラー。妻とともに夫婦専門のカウンセリングオフィス「LifeDesignLabo」を主宰。東京渋谷のカウンセリングルームには不倫やセックスレスなど、さまざまな問題を抱える夫婦が日々訪れ、2023年7月現在サポートしてきた夫婦は2000組に上る。

機能不全に陥った夫婦の関係性を読み解き、健全なパートナーシップ構築へと導くことを得意とする。心理カウンセラーとして10年以上臨床に携わってきた実績から多彩なアプローチ手法を持ち、心理療法（セラピー）や心理ワークにも精通する。1973年生まれ。

夫《おっと》は、妻《つま》は、わかってない。
夫婦《ふうふ》リカバリーの作法《さほう》

著者　安東秀海《あんどうひでみ》

2023年7月25日　初版発行

発行人	菅原聡
発行	株式会社日本ビジネスプレス 〒105-0021 東京都港区東新橋2-4-1 サンマリーノ汐留6階 電話　03-5577-4364
発売	株式会社ワニブックス 〒150-8482 東京都渋谷区恵比寿4-4-9 えびす大黒ビル 電話　03-5449-2711
印刷・製本所	近代美術株式会社
DTP	株式会社三協美術

©Hidemi Ando Printed in Japan 2023，ISBN978-4-8470-7323-6　C0030